THE
IPO GUIDANCE OF
**THE BEIJING STOCK
EXCHANGE**

北交所
上市攻略

手把手教你上市

李可书 ◎ 编著

东方出版中心

图书在版编目（CIP）数据

北交所上市攻略：手把手教你上市 / 李可书编著
. －上海：东方出版中心，2022.10（2023.2 重印）
  ISBN 978-7-5473-2071-6

Ⅰ . ①北… Ⅱ . ①李… Ⅲ . ①中小企业–股票上市–
案例–中国 Ⅳ . ①F279.246

中国版本图书馆CIP数据核字（2022）第189949号

北交所上市攻略——手把手教你上市

编　　著	李可书
策　　划	刘佩英
特约策划	胡峥峰
责任编辑	徐建梅
特约编辑	吕颜冰
封面设计	钟　颖

出版发行	东方出版中心有限公司
地　　址	上海市仙霞路345号
邮政编码	200336
电　　话	021-62417400
印 刷 者	上海盛通时代印刷有限公司

开　　本	890mm×1240mm　1/32
印　　张	12.5
字　　数	227千字
版　　次	2022年11月第1版
印　　次	2023年2月第2次印刷
定　　价	88.00元

目 录　　C O N T E N T S

第三章　你的企业适合上市吗？
——上市前的自我审查与评估

第四章　如何筹划上市？
——修炼内功

第五章　北交所上市的流程和操作要点

第六章　如何顺利过审——北交所上市的审查要点

前　言　　　PREFACE

　　早就想写一本关于上市的著作了。这是我的第四本专著，除了第一本专著源自我的博士论文《当代中国企业工会保护劳动权的法经济学分析》，已经出版的另外两本专著分别是《企业并购全流程》《股权激励实务操作与案例分析》，与本书有着衔接关系。《企业并购全流程》讲的是企业对外的股权投资与并购，《股权激励实务操作与案列分析》讲的是企业对内的合伙人和员工股权激励，而本书讲的是企业对外利用资本市场的公开股权融资，这都是企业最常用也最有用的股权工具，用好的话，能够帮助企业实现腾飞，这三本书可以合称为"股权三部曲"。

　　在长期从事股权投资融并购、股权激励、上市等相关业务及授课过程中，经常有学员和客户问起，自己的企业有没有机会上市，前期要做好哪些准备，有哪些坑要避开，有哪些硬伤可能会导致上市失败等各种问题。我发现，无论企业的规模大小，上市始终是老板们的一个梦想，是作为创业者的一个里程碑，所以总结上市的各方面问题并形成一本专著，给创业者、资本市场相关从业者和感兴趣的读者解惑，是我一直以来想做的。北交所的设立，刚好让这个想法更快得到实现，因为大家对北交所既憧憬，希望能够在北交所实现更快上市，也存在很多疑虑，包括对上市的条件、准备、流程、要求、流动性等各方面，需要进行分析和解惑。

我喜欢王阳明先生"知行合一"的思想，知中有行，行中有知，知识和实践密不可分。作为一个股权与资本市场的亲身经历者，我也一直在身体力行，一方面在不断学习和总结股权与资本市场的各种理论、实践中的各种问题，另一方面通过所知理论指导我的工作，这样就能够更有效率和价值地为企业服务，相关建议也考虑得更为全面深刻。

期待本书能够为企业冲刺上市、参与上市或学习上市提供帮助。由于时间有限，本书难免存在疏漏，敬请读者予以指正，请联系微信公众号：e. equity（e 股权），非常感谢！

李可书

2022 年 7 月

作者在北交所敲钟大厅

拥抱资本市场

　　上市是很多企业的梦想，随着注册制的推进，上市变得不再那么遥不可及，很多企业开始筹备上市，希望拿到资本市场的入场券，通过上市与资本运作实现企业的跨越式发展。企业借助层层递进的多层次资本市场的力量，通过产融结合、实业与资本的结合，完成企业发展史上里程碑式的跨越，成为一个上市的公众企业，从而迈上一个新的台阶。

　　资本市场也从未像今天一样，离中小企业如此之近，尤其是北京证券交易所（简称北交所）横空出世后，更是给中小企业拥抱资本市场带来了重大机遇。正因为如此，对于广大企业而言，我们需要了解全球资本市场的形势和注册制改革后对上市的影响，以便在考虑上市地和上市板块时做出最适合企业的选择，在准备上市时做好最充足的准备。

一、　上市和 IPO 是一回事吗？

　　随着越来越多的企业登陆资本市场，"IPO""发行""上市""挂牌交易"等早就成为不少人耳熟能详的词汇，很多人以为IPO 就等于上市，这种理解是否正确呢？发行与上市有什么区别？发行必然会上市吗？

　　IPO 的全文是 Initial Public Offerings，即"首次公开募股"或"首次公开发行股票"。也即企业第一次公开发行股票募集资金。

根据现行《中华人民共和国证券法》（简称《证券法》）的规定，公开发行是指"向不特定对象发行"或"向超过200人的特定对象发行"。

翻开任意一本招股书，封面除了企业名称与logo（商标）、保荐机构、承销商的名称与logo以及一些例行提示之外，还有招股说明书的全称，即"首次公开发行股票并上市"或"首次公开发行股票并在北交所上市"的字样，其中"首次公开发行股票"指的就是IPO，后面"并上市"告诉投资者这家企业是在哪个交易所、哪个板块上市交易。公开发行股票是第一步，上市交易是第二步，有先后顺序。所以，理论上IPO和上市是两个独立的事情，IPO原则上并不一定促成上市，有可能发行股票不成功，假如发行股票没有人购买，自然就没有机会上市交易。

但在实际中，企业募集资金的目的是投入生产，投资者对公开发行的股票进行投资的目的是获取回报，而在交易所进行公开交易是投资者获取回报最便利、可行和有保障的方式。私下买卖股票的流动性比交易所的交易要低得多，不便于未来退出，如果不能通过交易所的交易实现股票的价值，投资者获取回报的途径就只剩下股利分配。于是，首次公开发行股票并上市，便成了理所当然的事情。

总之，IPO和上市两个独立的事件由于各种原因具有了接连发生的惯性，导致容易被误解为同一行为。

二、 全球资本市场全景与多层次资本市场发展现状

从大的层面来讲，上市按照区域分为境内市场和境外市场。境外市场指的是美国、中国香港、新加坡、日本等这些国家或地区设立的交易所；境内市场现在主要有三地：上海证券交易所（简称上交所）、深圳证券交易所（简称深交所）、北交所。

从多层次资本市场的角度来看，上市不仅仅包括 IPO，还包括全国中小企业股份转让系统（简称新三板）和区域性股权交易市场（简称新四板）（见图 1）。

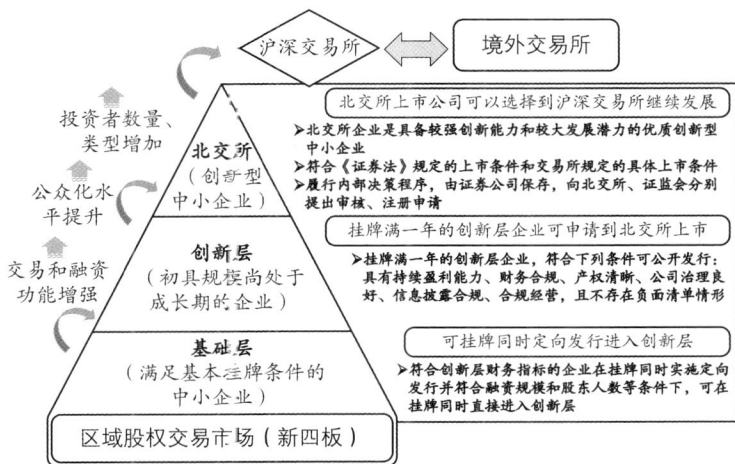

图 1 多层次资本市场

境内交易所从体量和影响力来看，排在最下面的是区域股权

交易市场，如北京股权交易中心、天津股权交易所。这些区域股权交易市场不属于全国性的交易场所，而是服务本区域内的股权交易。区域股权交易市场是为满足一些实力尚未达到在新三板和上交所、深交所上市的企业的股权交易需求，活跃交易市场而设立的。

在此基础上有了新三板，从区域到进入全国性的中小企业股份转让系统。新三板进行分层，有基础层、创新层、精选层，2021年精选层变成了北交所。因此一般的企业如果前期达不到上市的条件，可以先去当地区域股权交易市场进行挂牌交易。之后如果具备了相应的实力和条件，再来新三板的基础层或创新层挂牌，挂牌一年之后就可以去北交所上市。实力更强的企业也可以到上海交易所或深圳交易所上市，或是选择境外上市。

从资本市场的全景来看，目前企业上市可以选择的地点和板块较多。从国内多层次资本市场的挂牌和上市企业数量看，目前新三板挂牌企业最多，然后依次是主板上市企业、创业板上市企业、科创板上市企业，北交所因为新成立，上市企业最少。上述现状也更表明选择合适的上市地点和板块的重要性。

作者观点

北交所的流动性如何？是否不如沪深交易所？

我曾跟一些机构投资者聊大家对北交所设立后的感受，一些投资人普遍关心的一个问题是北交所的流动性问题，因为如果北交所的流动性还是跟之前的新三板一样，投资人投资的企业上市后仍很难退出，就会影响投资人的投资积极性。毕竟有退才有进，投资人需要退出才能获利。

关于流动性的问题，我认为完全不用担心。首先，北交所投资者的门槛较新三板的门槛大为降低，使得普通投资者有机会参与投资。北交所开市前，基础层的投资者准入门槛是 200 万元，创新层和精选层的投资者准入门槛是 100 万元，把很多普通投资者拒之门外。

其次，越来越多的机构投资者对北交所和新三板感兴趣，甚至还专门成立了北交所主题基金。2021 年 11 月 16 日，华夏、广发、汇添富、易方达、南方、嘉实、大成、万家基金等首批 8 家公募旗下的北交所主题基金，纷纷发布招募说明书和份额发售公告。2021 年 11 月 19 日，总共 40 亿元限额的发行大战正式打响，渠道数据显示，8 只北交所主题基金均在半天内达到或超过募集上限①。

市场上的投资者多了，交易自然就活跃了，流动性不成问题。

三、 资本市场形势变化： 股票注册制改革

目前资本市场重大的形势变化之一就是股票注册制改革，股票注册制改革将会对企业上市产生怎样的影响？

（一）注册制改革历程

2018 年 10 月，国家设立科创板并试点注册制。科创板在上交所开市，注册制试点正式落地。2020 年深交所创业板也开始实施注册制试点，那么北交所理所当然地也实行注册制。2021 年 12 月 8 日至 10 日，中央经济工作会议表示，要全面实行股票注册制。

目前仍然实行核准制的板块是主板，全面推进注册制是大势所趋，这意味着 2022 年一整年国家都将重点推进主板注册制。注册制的大潮显而易见，那么如何适应股票注册制就成为了一个重要问题。

---

① 参见新华网，《北交所开市首周运行平稳 公募基金陆续进场》，http://m.news.cn/2021-11/22/c_1128085797.htm，2022 年 2 月 3 日浏览。

（二）主要内容及其影响

第一，股票注册制改革最直观的改变就是核准制改为注册制，同时围绕注册制改革，《证券法》在 2019 年 12 月 8 日正式全面修订，这是注册制改革之后的一个大变化。

第二，注册制改革非常重视投资者保护，引入"代表人诉讼"制度。过去公民利益受到损害时只能选择自己起诉，个人的力量非常渺小，而代表人诉讼制度可以让受害者们委托一个代表进行诉讼，这是加强投资人权利保障的措施。

第三，股票注册制改革大幅提高违法成本，加大对市场参与主体的处罚力度。罚款从最高 60 万元调整到最高 2 000 万元，甚至可以追究相关责任人的刑事责任。对上市企业的要求更高、处罚更严。

证监会市场一部三任李继尊提到，注册制改革的本质是把选择权交给市场，实现方式是建立健全以信息披露为核心的制度体系①。要让市场来判断企业是否有资格上市，并由市场进行持续监督，以信息披露为监督核心，宽进严出，从事先的监督逐步过渡为事后的监督，以督促企业长期保持合规状态。

总结一下股票注册制改革的三个特点：第一，优化上市条件，宽进严出。不再把利润作为唯一的重要条件，在利润、科研

---

① 　参见人民网，《稳步推进全面注册制改革：上市企业超 560 家，融资 6 000 多亿元》，http://finance.people.com.cn/n1/2021/1031/c1004-32269372.html，2022 年 2 月 1 日浏览。

投入等方面优势明显的企业也有上市的可能。第二，标准、过程、结果公开，增强可预期性。每个企业的上市过程都是公开可查的，这种制度有利于企业做好自我评估。第三，消除对发行价格、规模等的行政限制和干预。发挥市场在股票发行中的评估作用，让市场决定、市场买单，由市场判断企业股票是否有市场①。

总体来看，股票注册制改革有利于企业上市。

作者观点

注册制后，是不是上市更容易了？上市的风险是否更低了？

根据我多年从事资本市场的经验，注册制以后，无论从审核的时间周期还是上市的财务标准上看，上市显然变得更容易了，国家一直鼓励扩大"直接融资市场"，也就是要提高上市企业的数量和覆盖面，因此未来很长一段时间上市企业的数量会大大增加。这里面的核心原因是，注册制的本质是规定上市的基本门槛，让市场而不是行政手段来判断上市企业的价值，属于"宽进

① 参见人民网，《稳步推进全面注册制改革：上市企业超560家，融资6000多亿元》，http://finance.people.com.cn/n1/2021/1031/c1004-32269372.html，2022年2月1日浏览。

严出"，强调事中监管，相对过去核准制的时候更加容易了。

但要强调的是，这绝不意味着企业随便努努力就可以达到财务指标，而是需要尽全力且持续保持营收和利润的水平，不能为了达标而粉饰财务业绩。因此，注册制后，尽管财务指标的要求有所降低，尤其是北交所的上市财务要求，但是对内控合规的实质要求并没有降低，如对重大违法违规的"零容忍"，这是底线的问题。

关于上市风险的问题，根据2019年修改的新《证券法》的规定，注册制实施后，证券违法成本大幅提高，尤其是通过欺诈发行（在其公告的证券发行文件中隐瞒重要事实或者编造重大虚假内容），尚未发行证券的，处以200万元以上2000万元以下的罚款；已经发行证券的，处以非法所募资金金额10%以上1倍以下的罚款，针对相关三体，如直接负责的主管人员、其他责任人员、控股股东、保荐人等，均可处以100万元以上1000万元以下的罚款。可见，上市的法律风险提高了，拟上市企业要抛弃侥幸的心理，踏踏实实提高经营业绩，扎扎实实提升合规水平，这样才能在上市之路上走得更稳、更远。

四、　本书章节介绍

本书一共分为七章，总体内容和脉络如下。

第一章讲的是北交所的"前世今生"，介绍北交所成立的背景、定位、现状，以及北交所发行上市的制度框架及其独特优势，得出的结论是北交所的设立给中小企业带来了重大机遇，尤其是"专精特新"企业。

第二章讲的是中小企业为什么要上市。用国美上市后实现腾飞的故事分析为什么上市和资本运作是企业的战略命题，并进一步分析上市对老板、投资人、员工等利益相关者的意义，以及为什么说上市是企业发展从土路进入高速路的最佳路径。另外对华为、老干妈、娃哈哈为什么不上市做了客观的分析，以期对中小企业决定是否上市有所帮助。

第三章讲的是上市前的自我审查与评估。通过对企业关于上市的担忧与犹豫（如担忧上市费用过高、达不到上市的要求等）的分析，发现中小企业在北交所上市的可能性相对较高，费用也相对较低。通过从行业、商业模式、企业规模和财务指标、股权结构、团队等角度对上市进行综合评估，企业能够自行作出是否适合上市的判断。而通过各板块的对比，可以进一步做好上市板块、上市时机和路线的规划。另外，也要提前对家族企业问题进行规范，避免成为上市的"拦路虎"。

第四章讲的是如何筹划上市，修炼好内功，做好上市的准备。建议从四个方面做好上市的准备，分别做好业绩准备（上市的基石）、股权准备（股权战略与架构设计，包括股权激励、产业链上下游的股权导入、股权融资、并购、重组和剥离）、合规准备（上市的底线）、组织准备（上市的人手）。我还分析了不同阶段企业上市的准备重点，并提示越早准备越好，最好从现在开始筹划上市。

第五章讲的是北交所上市的流程和操作要点。首先从威博液压的上市历程看北交所上市流程。在做好上市准备的基础上，需要经历三个阶段，首先是进行股份制改造，然后是新三板挂牌（基础层和创新层挂牌），最后是正式申报北交所上市。我分别阐述了上述三个阶段的详细流程，并根据自己多年的实务经验就北交所上市的操作要点进行了提示。

第六章讲的是如何顺利过审，即北交所上市的审查要点，包括法律合规和财税合规。其中，法律合规审查要点包括：股权和股东问题，实际控制人认定及控制权稳定问题，独立性和关联交易问题，董事、高级管理人员重大变化，出资、改制瑕疵，合规经营——重大违法认定，诉讼仲裁、行政处罚，治理结构规范，股权激励机制等几个方面。财税合规审查要点包括：核查手段及重点问题、持续经营能力、财务审计、关联交易、募集资金用途、财务信息披露质量等几个方面。

第七章讲的是上市后的规范运作。上市后企业的资本运作之路更宽，但对应的要求也更多。首先从华兴源创收购欧立通看上市企业并购重组的流程和优势，其次从诺思兰德3亿元定增看北交所上市企业再融资的流程和要求，最后再从一系列北交所上市企业因信息披露被处罚的案例看信息披露的总体要求和基本原则。

北交所的设立有助于重塑以长期价值为核心的多层次资本市场体系。相信在不久的未来，北交所上市企业会快速扩容，甚至超过上交所和深交所，对广大中小企业的吸引力与日俱增。

希望本书有助于读者提升对北交所上市的全面认知，拟上市企业通过提升主营业务收入和持续发展能力，步步为赢，实现稳步上市。

最后，我想说明的是，截至目前北交所上市企业不多，很多上市企业都没有典型性，为了让读者更好理解上市合规审查所关注的问题等相关情况，书中也放入了一些上交所和深交所的相关案例，因为从上市合规审查标准的角度来讲，北交所、上交所、深交所是一致的。

第 一 章

北交所的"前世今生"

2021 年 11 月 15 日上午 9:30 钟声响起，北京证券交易所正式开门迎客，开始进行上市交易。广大中小企业迎来重大机遇，即有机会通过北交所上市更早实现资本战略，更快实现产融结合和业务腾飞。

为什么说北交所是中小企业的机会？那就需要知道北交所成立的背景、定位和上市条件，以及北交所的"新"和"特"，了解北交所有哪些独特的地方，有哪些吸引之处。北交所是中小企业逆袭的机会，那么，如何才能更容易在北交所上市呢？那就是走技术路线上市之路。

第一节
北交所成立的背景、目的和现状

一、北交所成立的背景

资本市场用来满足企业融资的需求，是市场经济高度发达的产物。我国资本市场体系设立后，有效满足了大型企业融资的需求（从已上市企业体量就能看出来），但中小企业融资难、融资贵的问题一直存在，为了继续支持中小企业创新发展，深化新三板改革，打造服务创新型中小企业的主阵地，从而设立了北京证券交易所。

为什么会成立北交所？设立意义在哪？我们从以下几个方面进行分析。

（一）有效解决中小企业融资的问题

由于中小企业的营收和资产规模不大，信用等级不高，资产抵押额度也不高，在传统的银行债权融资的模式下，其融资的可能性和金额都很有限。在拿不到银行贷款的情况下，大多企业通过民间融资，融资成本居高不下，吃掉了企业的大部分利润，何谈企业自身的发展？

北交所设立后，广大中小企业在符合新三板挂牌条件的情况下（基础层挂牌条件不高），可以先在新三板挂牌融资，还可以在北交所上市融资，从而解决其发展过程中需要的资金问题。

事实也正是如此。根据北交所官网的统计数据①，截至 2021年 12 月 31 日，北交所上市企业数量为 82 家，总市值为 2722.75 亿元，发行次数为 41 次，融资金额为 75.22 亿元，平均每家融资约 2 亿元，可见北交所上市后能够切实起到融资的作用。

（二）化解新三板的尴尬地位

新三板在 2015 年开始的几年比较火，2018 年后逐渐沉寂。因为新三板毕竟不是上市企业，也不能获得跟上市企业同等的地位，流动性上也不如上市企业。尽管新三板后来做了分层改革，设立了基础版、创新层和精选层，但是总体的流动性还是不行，甚至很多已经挂牌新三板的企业纷纷摘牌。

申请在北交所上市有一个条件：企业必须在新三板挂牌满一年且属于创新层。这样对于那些想在北交所上市的企业而言，必须把新三板作为必经的通道，如此一来新三板就不会被彻底抛弃，反而被重视起来，所以北交所成功化解了新三板的尴尬。北交所的设立，也意味着新三板迎来了资本的新一轮关注，因为资

---

① 北交所官网，《北京证券交易所 2021 年市场统计快报》，http：//www. bse. cn/static/annual. html，2022 年 2 月 2 日浏览。

本要提前入局新三板，才能在后面的北交所上市过程中获利。这对于已经挂牌新三板的企业来说，将会提前获得资本市场的青睐。

（三）提升企业直接融资的比重

国家一直倡导要提升直接融资，而传统的融资渠道大多是间接融资。间接融资主要指的是银行的融资，存款人将钱存入银行，银行再以自己的名义把钱借给贷款方。直接融资意味着投资人的钱会打到企业账上，直接作为企业的资金。直接融资和间接融资两者的区别在于直接融资实际上是风险共担，双方共享收益，共担风险，无论赚钱还是赔钱，上市企业不用把投资的钱退给投资人，投资者如果不再想投资可以卖掉股票。而间接融资到期必须还钱，如果企业有太多的间接融资，意味着它的债务比例非常高，未来一旦经营不景气，企业资金链可能会直接断裂。所以通过上市能够提高企业直接融资的比重，减少间接融资的比重。

（四）帮助专精特新企业促进科技成果的转化

专精特新企业有技术但是没有资金，没有太多技术成果的转化渠道。而上市融资后有了资金的加持，企业就可以凭借科技成果和资金去建立实验室和工厂，然后做产品销售，最后成功实现科技成果的转化。

（五）弥补南北的差距

上海有上交所，深圳有深交所，但是北方没有交易所，北方的整体经济水平与南方相比还是存在差距的。通过设立北交所能够在一定程度上平衡南北经济差距，使北方的经济发展实现质的飞跃。

（六）实现共同富裕的路径之一

因为 A 股市场大部分针对规模非常大的企业，最终受益的也是一些大企业，中小企业跟大企业相比没有资金优势，在市场上很容易被忽视。北交所成立后降低了上市的门槛，使得很多中小企业也有了上市的机会，中小企业上市能够实现股权价值的变现、企业的增值。所以，要让规模大的企业和中小企业都可以为实现共同富裕贡献更大力量，设立北交所自然而然成为一个必然的选择。

二、北交所的目的

北交所成立要处理好三个方面：第一要确定一个定位；第二要处理好两个关系；第三要明确达到三个目标。

（一）一个定位

北交所的定位是通过创新驱动发展的战略，聚焦实体经济，脱虚向实，主要服务于创新型的中小企业。北交所强调中小企业的创新性，同时重点支持先进制造业和现代服务业，这也是北交所优先考虑专精特新企业的原因，因为很多专精特新企业是先进制造业。

（二）两个关系

第一，要处理好沪深交易所和区域股权交易市场的关系，要坚持错位发展和互联互通，发挥好转板上市的功能。也就是说北交所和上交所、深交所、区域股权交易市场不是直接竞争的，而是坚持错位发展，它们的定位和目标、对象不同，但是互相之间也是有联系的。

第二，要处理好跟新三板现有的创新层、基础层之间的关系。因为北交所由过去的精选层转换而来，所以现有新三板的基础层、创新层实际上是北交所的源头。企业只有在新三板待够一年且在创新层挂牌，才能够申请到北交所上市，这三者之间是坚持统筹协调和制度联动的关系，从而维护市场结构的平衡。

（三）三个目标

第一，要构建一套契合创新型中小企业特点的制度安排，包括发行上市、交易、退市、持续监管、投资人适当性管理。

第二，要畅通北交所在多层次资本市场的纽带作用。因为在北交所下面有区域股权交易市场，还有基础层和创新层，上面有科创板、创业板和主板，即中小企业可以一步步来，先在区域股权交易市场交易，随后开始挂牌基础层，然后转板到创新层，最后上市北交所。企业不在北交所上市，也可以转板之后去上交所或者深交所上市，北交所要发挥好承上启下的纽带作用。

第三，需要培育一批专精特新中小企业，形成一种创业创新热情高涨，合格投资者踊跃参与，中介机构归位尽责的良性生态。

三、北交所的现状

（一）北交所上市企业数量及股本情况

根据北交所官网的统计数据①，截至 2022 年 1 月 28 日，北交所上市企业数量为 84 家，总市值为 2 457.40 亿元，流通市值为 974.25 亿元，总股本为 123.48 亿股，流通股本为 58.82 亿股。

（二）北交所首批上市企业的情况

在 2021 年 11 月 15 正式开市时，北交所首批上市企业为 81 家，其中除了 71 家由精选层平移到北交所之外，另外还有 10 家

———————

① 北交所官网统计数据，http：//www.bse.cn/static/statisticdata.html，2022 年 2 月 2 日浏览。

通过新股发行登陆北交所的企业。

1. 市场表现

截至 2021 年 11 月 15 日收盘，从涨幅榜来看，10 只新股的涨幅还是非常喜人的，基本涨幅接近 200%，首批上市股票合计总市值 2 887 亿元，平均市值 35.64 亿元，润农节水、连城数控、吉林碳谷、长虹能源等晋级百亿市值行列，这 4 股年内涨幅均实现翻倍，其中，吉林碳谷年内涨幅接近 600%[1]，这表明投资者对北交所的这些企业非常认可。

2. 地域分布

从地域分布来看，根据北交所官网的统计数据[2]，截至 2021 年 12 月 31 日，82 家北交所上市企业中，排名最靠前的是江苏，有 13 家，其次是北京（12 家）、广东（10 家），具体分布如图 1-1 所示。

3. 市值

从市值来看，根据北交所官网的统计数据[3]，10 亿元市值以下的上市企业为 14 家，占 17.07%，10 亿～20 亿元之间的上市

---

[1]　参见梁谦刚，《北交所首秀亮眼　新挂牌 10 只新股集体触发 2 次临停》，中证网，https：//www.cs.com.cn/xsb/202111/t20211116_6220505.html，2022 年 2 月 2 日浏览。

[2]　北交所官网，《北京证券交易所 2021 年市场统计快报》，http：//www.bse.cn/static/annual.html，2022 年 2 月 2 日浏览。

[3]　北交所官网，《北京证券交易所 2021 年市场统计快报》，http：//www.bse.cn/static/annual.html，2022 年 2 月 2 日浏览。

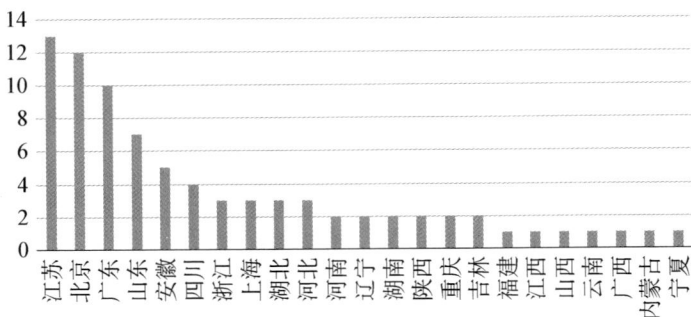

图 1-1　北交所首批上市企业地域分布

企业为 42 家，占比 51.22%。具体分布如图 1-2 所示。

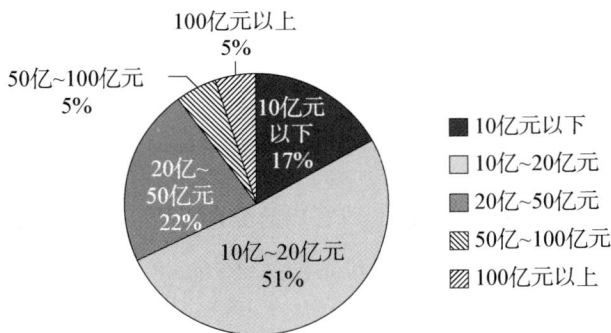

图 1-2　北交所首批上市企业市值分布

4. 营收利润情况

从营收规模上看，北交所首批上市企业在 2020 年度的营业收入从 1 亿元到 19 亿元不等，大部分在 1 亿~5 亿元之间。在净利润方面，2020 年的净利润大部分在 3 000 万元到 1 亿元之间①，利润占比情况如图 1-3 所示。

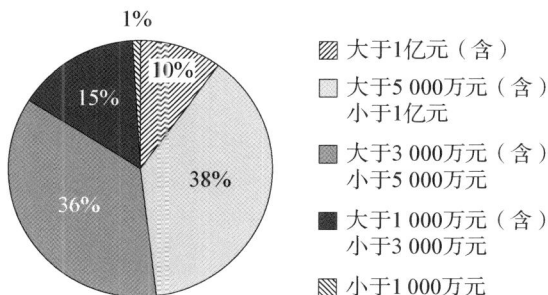

图 1-3 北交所首批上市企业 2020 年净利润构成占比情况

5. 科创能力

从整体科创能力来看，首批 81 家北交所上市企业的专利申请总量 6 600 余件，平均专利申请量是 82 件，有效发明专利总量 1 000 余件，平均有效发明专利量是 13 件，软件著作权登记总量 1 300 余件，平均软件著作权登记量是 17 件。对比来看，截至 2021 年 11 月 14 日，7 000 余家新三板挂牌企业中，专利申请总量 29.1 万余件，平均每家企业专利申请量约 44 件；有效发明专利总量 3.2 万余件，平均每家企业有效发明专利量约 5 件；软件著作权登记总量 10.9 万余件，平均每家企业软件著作权登记量

---

① 上海证券报，《北交所开市特刊 | 81 家上市公司画像》，https://news.cnstock. com/news，yw-202111-4782_58.htm，2022 年 2 月 2 日浏览。

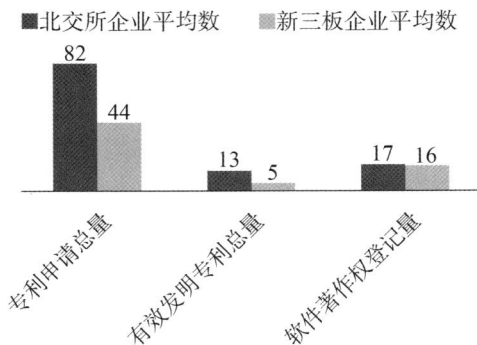

图 1-4　整体科创能力综合分析对比

约 16 件①，如图 1-4 所示。

由此可见，北交所上市企业的整体科研实力都超过新三板的基础层和创新层企业，尤其是在专利和有效发明方面。

6. 行业分布

从行业分布上看，材料、软件服务、制药、技术、硬件设备都属于排名比较靠前的行业。北京的首批上市企业涉及的行业较广，除了这些，汽车零部件、商业专业服务、食品、饮料、烟草等也占有一定比例。

结合北交所设立的背景，我们不难发现中小企业上市迎来了重大机遇。

---

① 上海证券报，《智慧芽：首批 81 家北交所上市公司平均专利申请 82 件》，中国证券网，https://news.cnstock.com/news，yw-202111-4782158.htm，2022 年 2 月 2 日浏览。

第二节
北交所的制度框架及其独特优势

一、北交所的制度框架

北交所的相关制度包括四个层面：国家法律层面的《公司法》《证券法》；证监会部门规章层面的《证券交易所管理办法》等；证监会规范性法律文件，如《公开发行证券的公司信息披露内容与格式准则第 46 号——北京证券交易所公司招股说明书》；以及北交所的自律规则，如《北京证券交易所股票上市规则（试行）》等。具体法律法规和制度清单详见本书附录。

为了让读者更好地理解整体制度框架，现作如下总结。

（一）发行融资方面

《北京证券交易所股票上市规则（试行）》等相关规则和制度在遵守《公司法》《证券法》等法定要求的前提下，制定了契合中小企业特点的规定，主要有以下发行融资制度安排：

（1）明确股票发行上市的要求，如市值要求和财务要求。

（2）明确企业治理规范要求，如推动独立董事发挥更大作用，紧盯关键少数人物。

（3）在现金分红、股权激励方面的差异化安排，适应中小企业的特点。

（二）交易管理制度方面

（1）继续沿用精选层灵活的交易制度，包括连续竞价、大宗交易、协议转让等交易方式。

（2）新股上市首日不设涨跌幅，自次日起涨跌幅限制为 30％。

（3）临时停盘机制，每当股票首次上涨或下跌达到 30％、60％时，实施临时停盘，每次停盘 10 分钟。

（三）持续监管方面

（1）针对募集资金的存储、使用、监管，明确相关的分级审批权限、决策程序、风险防控措施和信息披露要求。

（2）针对股份限售的要求，如上市企业董事、监事、高级管理人员、控股股东、实际控制人持有的企业股份，上市后 12 个月内不允许转让。

（3）强化信息披露监管，包括建立内幕信息知情人管理和报备制度，以及减持预披露要求，即在上市企业董事、监事、高级管理人员、控股股东、实际控制人首次卖出股份之前，应当提前15 个交易日披露减持计划等。

（4）上市后的持续督导。针对公开发行并上市的企业，需要在股票上市当年剩余时间及其后的三个完整会计年度进行持续督导。上市后发行股票再融资的，需要在股票上市当年剩余时间及其后的二个完整会计年度进行持续督导。

（四）市场管理与会员制度方面

（1）根据《北京证券交易所会员管理规则（试行）》，交易所建立了会员资格取得、合规管理、风险控制等要求，并加强会员监督管理。会员违反业务规则的，交易所视情节严重程度可采取自律监管措施或纪律处分。

（2）建立市场化的退市机制，贯彻"不干预，零容忍"的方针，把强制退市分为交易类、财务类、规范类、重大违法类四类情形。

北交所自律规则如图 1-5 所示①。

---

① 北京证券交易所业务规则，http：//www.bse.cn/business/overview.html，2022 年 2 月 3 日浏览。

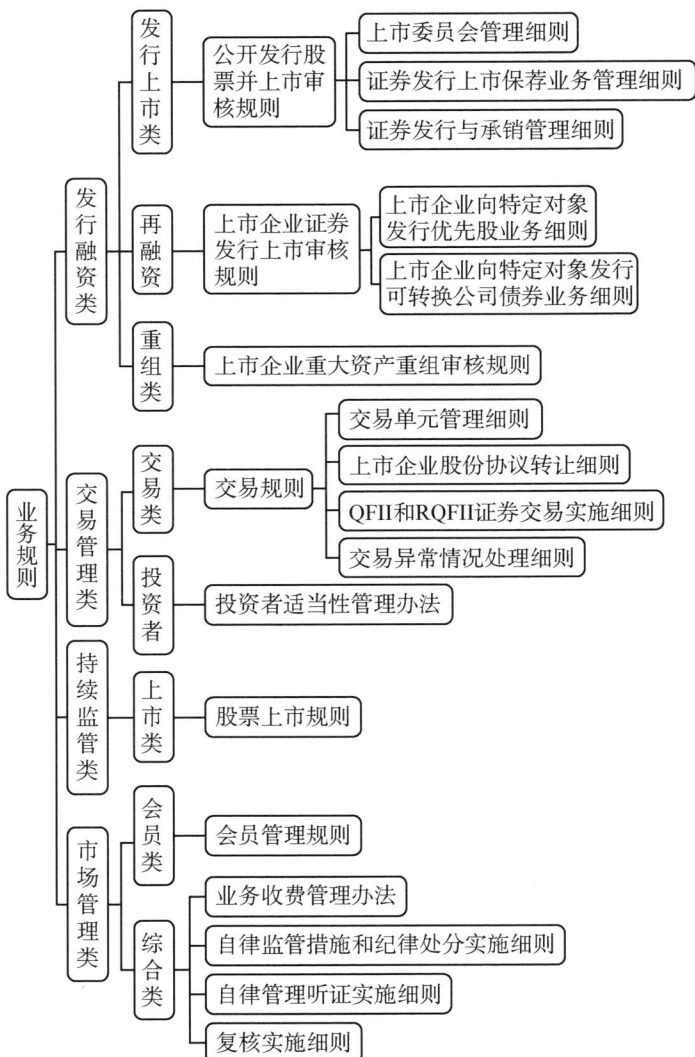

图 1‑5　北交所自律规则

作 者 观 点

北交所成立，和普通人有什么关系？

北交所的设立，不仅仅对于中小企业是重大机遇，对普通老百姓来说也是重大利好。

1. 拓宽了大家的投资渠道

众所周知，在"房住不炒"的主基调下，过去十余年老百姓买房投资的渠道已经行不通，而信托也已经打破刚兑，老百姓的投资渠道非常有限。股票投资给了大家一条投资渠道，而北交所的设立，让大家有了更多可供选择的优质股票。

另外，从北交所的投资人开通门槛来看，要求申请权限开通前 20 个交易日证券账户及资金账户内的资产日均不低于 50 万元（不包含投资者通过融资融券融入的资金和证券）；参与证券交易 24 个月及以上，跟科创板的门槛相同，普通投资人努努力能够达到。

2. 获利机会

北交所作为一个全新的二级交易市场，上市企业为更小、更早、更新的中小企业，为普通投资人提供了更多、更早参与投资和分享"专精特新"等创新型中小企业成长发展的红利的机会。而且从涨跌幅限制看，单日 30% 的涨跌幅限制也让有经验的投资人有更多快速获利的机会。

3. 投资的风险

收益和风险往往是成正比的，由于北交所的上市企业在营收、规模等实力上不及主板、创业板、科创板的上市企业，抗风险能力相对弱一些，而且北交所股票交易涨跌幅限制为30%，比其他板块的涨跌幅限制更宽，因此北交所上市企业的投资风险更大，对投资人要求更高，需要投资人更加专业和有更强的风险承受能力。投资者要避免赌博心理，不要幻想通过投机、炒作的方式一夜暴富，而是应该根据自己的风险偏好、风险承受能力、专业能力和投资经验，采取与北交所股票交易对等的投资策略，谨慎参与。

如果想更稳妥地投资北交所的股票，最佳的方式是通过购买北交所股票基金进行股票投资，因为基金背后有专业的投研机构、基金经理，比普通投资人更加了解股票投资的风险。

二、北交所上市与其他板块的比较

（一）北交所与科创板、创业板的上市条件对比

1. 北交所上市的条件

根据《北京证券交易所股票上市规则（试行）》《北京证券交易所向不特定合格投资者公开发行股票注册管理办法（试

行）》等规定，在北交所上市要符合以下条件：

发行人为在全国股转系统连续挂牌满 12 个月的创新层挂牌企业；

符合中国证券监督管理委员会规定的发行条件；

最近一年期末净资产不低于 5 000 万元；

向不特定合格投资者公开发行的股份不少于 100 万股，发行对象不少于 100 人；

公开发行后，企业股本总额不少于 3 000 万元；

公开发行后，企业股东人数不少于 200 人，公众股东持股比例不低于企业股本总额的 25%；企业股本总额超过 4 亿元的，公众股东持股比例不低于企业股本总额 10%；

市值及财务指标符合本规则规定的标准；

北交所规定的其他上市条件。

2. 北交所上市的市值及财务指标要求

上述北交所上市的条件中，关于市值及财务指标，应当至少符合下列标准中的一项：

预计市值不低于 2 亿元，最近两年净利润均不低于 1 500 万元且加权平均净资产收益率平均不低于 8%，或者最近一年净利润不低于 2 500 万元且加权平均净资产收益率不低于 8%；

预计市值不低于 4 亿元，最近两年营业收入平均不低于 1 亿元，且最近一年营业收入增长率不低于 30%，最近一年经营活动产生的现金流量净额为正；

预计市值不低于 8 亿元，最近一年营业收入不低于 2 亿元，最近两年研发投入合计占最近两年营业收入合计比例不低于 8%；

预计市值不低于 15 亿元，最近两年研发投入合计不低于 5 000 万元。

上述四种标准，前三大标准主要针对的是市值、净利润、ROE（净资产收益率）、营业收入、现金流，还有研发投入。只有第四大标准，淡化业绩，只看市值和研发投入。这些条件相对主板等其他板块而言其实没那么高。

3. 北交所与其他板块上市的区别

（1）上市地和审核方式的区别。

北交所与其他板块在上市地、审核方式方面有什么区别？上交所的主板和深交所的主板实际上采用的都是核准制，而科创板、创业板、北交所采用的都是注册制，都是由上市委审核，然后由证监会注册，这是它们在上市地和审核方式上的区别。

（2）发行条件的区别。

北交所与创业板、科创板在发行条件上有什么区别？北交所关于市值及财务指标的发行条件有 4 种标准，而创业板有三种标准，科创板有五种标准，还是不太一样。

其中最简单的是创业板的要求：第一种标准是最近两年的净利润为正，且累计净利润不低于人民币 5 000 万元；第二种标准是预计市值不低于人民币 10 亿元，最近一年净利润为正，且营业收入不低于人民币 1 亿元；第三种标准是预计市值不低于人民币 50 亿元，且最近一年营业收入不低于人民币 3 亿元，这是创业板的三种标准。创业板的标准比北交所少，但是并不低，比如北交所最高不低于 15 亿元市值，但创业板最高市值不低于人民币 50 亿元。如果单纯从营收上看，北交所的要求是不低于 1 亿元，而创业板是 3 亿元，可见创业板的标准比较高。

科创板有五种标准，第五种标准类似于北交所，不要求净利润或者收入，前四种都跟市值、净利润、研发投入、现金流有关系。第一种标准预计市值不低于 10 亿元，最近两年净利润为正，且累计净利润不低于人民币 5 000 万元，或者营业收入不低于 1 亿元；第二种标准实际市值不低于 15 亿元情况下，最近一年的营业收入不低于人民币 2 亿元，且最近三年研发投入占最近三年累计年收入比例不低于 15%；第三种标准是市值不低于人民币 20 亿元，最近一年的营业收入不低于人民币 3 亿元，且最近三年的经营活动产生的现金流量净额不低于人民币 1 亿元；第四种标准是预计市值不低于人民币 30 亿元，且最近一年营业收入不低于人民币 3 亿元；第五种标准是预计市值不低于 40 亿元，且主要业务和产品需要经国家批准，市场空间大，且已取得阶段性成果，至少有一项核心产品获准开展二期临床试验，相比其他企业有明显的技术优势。这个标准针对的是医药类等企业，这种企业已经有很好的积累，但是没有产品和收入，暂时无法达到业绩的要求。

所以整体来看，北交所上市条件比创业板和科创板要宽松，而且更多借鉴了科创板的要求，但是市值、收入、研发投入等方面都比科创板要求低。

（二）北交所上市在流程上的特别之处

1. 先在新三板挂牌

在进入北交所之前，企业首先需要进入基础层或者直接进入创新层，然后要同时满足在新三板挂牌满 12 个月且申请上市时已经在创新层这两个条件，才能够在北交所申请上市。

（1）进入基础层的条件。

在基础层挂牌的基础条件主要是依法设立、存续满两年、业务明确、有持续经营能力、股权明晰、股票发行和转让行为合法合规。同时要求主办券商推荐企业持续督导，企业治理机制健全，合法规范运营等。

在基础层挂牌的财务标准（同时满足）：

第一，最近两年累计营收不低于 1 000 万元。如果因为研发周期较长，导致年收入不超过 1 000 万元的企业，最近一期的期末净资产不得少于 3 000 万元。

第二，期末股本不少于 500 万股。

第三，每股净资产不低于人民币 1 元。

第四，具有持续营运记录。

这是进入基础层的条件，核心是看营业收入，最近两年累计是否达到1000万元。

（2）进入创新层的条件。

下面三个财务条件满足一个就可以进入创新层挂牌：

第一，最近两年的净利润都大于1000万元，同时最近两年的加权平均资产收益率均值大于8%，股本总额大于或等于2000万元。

第二，最近两年营业收入均值大于或等于6000万元且持续增长，年均复合增长率大于或等于50%，股本总额大于或等于2000万股。

第三，近期有成交的60个做市或者集合竞价交易日的平均市值大于或等于6亿元，股本总额大于或等于5000万股，做市商家数大于或者等于6家。

除此之外，创新层挂牌还有附加条件：企业在挂牌以来完成发行融资金额大于或等于1000万元的股票，同时满足基础层200万元门槛的条件的合格投资者人数大于或等于50人。并且，最近一年期末净资产不为负值，治理机构健全。

这是进入创新层的条件，相对而言也比较容易达到，尤其是第一个财务条件，两年净利润累计达到1000万元。

在北交所上市要经过基础层或者创新层，这是比科创板和创业板多的程序，即必须在基础层或创新层先挂牌，企业在基础层先挂牌，也需要转板到创新层。

2. 北交所再融资的简易程序

北交所上市后，再融资时有两个简易程序，这是北交所的创新。

（1）授权发行。

授权发行指的是年度股东大会可以授权董事会，向特定对象来发行累计融资低于1亿元，且低于企业净资产20%的股票，股票按照竞价方式来确定价格和发行对象。对企业而言，可以直接向特定对象发行，在审核速度上会比北交所上市快。从流程看，首先是企业董事会审议，通过后，可以直接向交易所提交上市的申请文件，北交所需要在两个工作日内进行受理，并且在三个工作日内出具审核意见，最后证监会决定同意注册或不予注册。为什么五个工作日内就可以完成？因为针对特定对象发行，总金额不高于1亿元，且净资产的比重低于20%以下的企业就可以直接授权，快速发行。

（2）自办发行。

自办发行跟简易程序的授权发行类似，但这种模式实际上更简单，有两个特点：第一，由董事会来明确发行对象、发行价格、发行数量；第二，自办发行不需要中介机构意见，不需要证券企业出具保荐文件，也不需要律师出具法律意见书。

自办发行有两个要求：第一，针对股份金额，要求连续12个月以内发行的股份未超过企业总股本的10%，而且融资总额不超过2000万元；第二，发行对象包括前十名股东、实际控制人、董事、监事、高级管理人员及核心员工。由此可见，自办发行主要针对企业内部人员，主要为激励中小企业的活跃度。

三、中小企业选择在北交所上市的几大优势

对于中小企业来说，不仅仅要尽快上市，也要做好上市的板块选择。我们先来看看北交所上市的优势到底有哪些，以决定要不要在北交所上市。

（一）上市过程循序渐进，"小步快跑"，更容易实现企业资本战略

我们知道，上市并不是一件容易的事，对创业者、高管来说都是一场挑战和历练。在筹备上市的过程中，有些企业在合规上有瑕疵需要整改，有些企业因为股权结构不合理需要引入新的投资者，有的企业需要在对集团旗下的子企业进行合并和剥离，有的企业需要在上市前进行员工股权激励，也有的企业因为内部团队专业度不够需要引进董事会秘书和财务总监等，这些情况需要逐步解决，而一旦某个事项没有解决，就会影响上市，导致功亏一篑。

上市从一定意义上讲，是企业的一次自我成长与自我革命，实现从一家不需要公开信息披露的非上市企业到需要公开信息披露的上市企业的一种质的飞跃。如果在主板、创新板或科创板上

市，由于缺少中间环节，从一家非上市企业变成上市企业，很多企业难以一次性达到要求，完成这种转变，导致要反复整改、不断修正上市计划。与其这样反反复复，还不如先挂新三板，因为新三板作为北交所的前站，具有良好的教练功能：企业接受监管，逐步进行规范，满足合规的要求，适应监管压力，尤其是满足信息披露的要求，培养内部的专业团队，提高上市的确定性，减少对企业战略规划的影响。新三板的企业挂牌、交易、分层、转板、摘牌等制度更加贴合中小企业，而以新三板精选层为基础进行相关制度设计的北交所，也将更加贴合中小企业的发展进程。

因为存在北交所上市的机会，企业上市的确定性就更高了，上市过程循序渐进，不用"憋大招"，新三板挂牌到北交所上市这种逐步推进的过程更有利于中小企业的业务发展与融资过程的配合，可以减轻企业因为要直接上市带来的压力和对业务的影响。这样就意味着企业可以早日上市，从而提前得到资金、人才、市场和中介机构的支持，企业更早更快走上快车道。

（二）北交所上市的要求相对较低，中小企业更容易达到

北交所的上市要求主要是财务指标和内控合规指标两方面。

从市值及财务指标角度看，前面已经把北交所的市值及财务指标标准与主板、科创板、创业板进行了比较，我们可以得出结论，北交所要求的市值与财务标准相对低很多，如第一套标准，

预计市值不低于 2 亿元，最近两年净利润均不低于 1 500 万元且加权平均净资产收益率平均不低于 8％，或者最近一年净利润不低于 2 500 万元且加权平均净资产收益率不低于 8％，对于中小企业来说，其实并不难达到。

从行业属性角度看，由于北交所的定位是为创新型的"更小、更早、更新"的中小企业服务，对其所从事的行业的盈利规模要求都明显低于目前的上交所和深交所，没有科创板对科创属性（领先技术优势）的严格要求，也没有创业板的关于"三创四新"以及对农林牧渔业等 12 个行业的负面清单，禁止行业主要是房地产、金融、产能过剩、淘汰类、学科类培训和学前教育等国内各板块都限制的行业。

从内控合规角度看，根据我多年在资本市场的经验看，对拟上市企业的法律合法性和财务合规性的实质要求并不会降低，因为这是原则性问题。但是对发展中的中小企业规范性要求会有所放松，如财务会计不规范、会计政策不审慎、内控薄弱等专业能力所限导致的各项问题，考虑到中小企业规模一般不大，人员素质相对比较低，只要不是恶意财务造假（做假账）这种重大违规问题，如果企业可以进行规范记账及调整，有明确的整改方案和整改时间表，且对企业的财务数据不构成重大冲击，北交所也会给予一定的谅解。

（三）上市周期较短，上市费用较低

从北交所上市的流程看，企业在北交所上市需满足在新三板

挂牌满 12 个月而且进入创新层。企业在新三板挂牌的 12 个月内，如果做好妥善安排，完全可以同步做很多上市前的准备工作，包括业绩准备、股权准备、团队准备等，以及申请证监局辅导备案、撰写招股书、准备募投项目等。

从北交所和沪深交易所上市的时间来看，总体相差并不多。而且在新三板挂牌期间，企业既可以继续准备北交所上市，也可以考虑申报其他交易所，并不冲突。更为有利的是，证监会已经发布《关于北京证券交易所上市公司转板的指导意见》，允许在北交所上市满一年（精选层挂牌时间与北交所上市时间合并计算）且符合条件的企业转板科创板、创业板，不涉及股票公开发行，不需要经过证监会核准或注册，只要上交所、深交所根据上市规则进行审核并作出决定即可。这样一来，企业上市的选择就更加灵活，没有那么多的压力。

其次，从上市费用看，由于北交所的融资金额比创业板和科创板低一些，所以整体费用一般也只是在创业板或科创板的一半或多一点，这对于广大中小企业来说，财务压力没有那么大。

（四）北交所有很多适合中小企业、更为灵活宽松的制度

1. 北交所的发行制度更灵活

在首次公开发行制度上，北交所规定：公开发行后，企业股东人数不少于 200 人，公众股东持股比例不低于企业股本总额的

25%；企业股本总额超过 4 亿元的，公众股东持股比例不低于企业股本总额 10%。而其他板块的首次公开发行制度要求是公开发行的股份达到企业股份总数的 25% 以上；企业股本总额超过 4 亿元的，公开发行股份的比例为 10% 以上。

通过比较发现，北交所首次公开发行股票的制度优势在于，只要求公众股东持股占比大于发行后股本总额的 25%，并没有要求上市时必须发行 25%。因此，如果一家企业在北交所上市前，其股东中已经包含了公众股东，则只要公开发行的股权比例加上已经包含的公众股东的股权比例之和大于 25%，不需要上市时发行超过 25%，这对于一些股权稀释程度较高的企业来说更加灵活，有更大的吸引力。

除此之外，北交所的再融资制度也比较灵活，除了其他板块有的一般程序外，还有简易程序，一种是授权发行，另一种是自办发行，具体细节详见本书第七章第二节。自办发行是北交所的创新制度，对于融资金额不太大的中小企业而言，会比在科创板等其他板块更加简单和灵活。

2. 企业治理包容性更强

我们可以从如下要求来看北交所的企业治理结构的特点。根据《北京证券交易所投票上市规则（施行）》，董事会可以根据需要设立审计、战略、提名、薪酬与考核等相关专门委员会。而创业板等板块则要求董事会应当（必须）设立审计委员会、薪酬和考核委员会等专门委员会。一个是"可以"，其他是"应当"，可以看出北交所在企业治理上的制度包容性。因为北交所上市的企业大部分都是中小企业，倾向于选择更为方便和有效率的治理结构。

3. 限售期更短

北交所关于限售期的安排比主板等其他板块更短，更能体现中小企业的特点。根据《北京证券交易所股票上市规则》（简称《北交所上市规则》）第 2.4.2 条规定，上市企业控股股东、实际控制人持有股份，自上市之日起 12 个月内不得转让；第 2.4.3 条规定，上市企业董事、监事、高级管理人员持有的本企业股份，按照《公司法》规定，自上市之日起 12 个月内不得转让，在任职期间每年转让的股份不超过其所持本企业股份总数的 25%，离职后 6 个月内不得转让。

与此相对应，主板等其他板块要求上市企业控股股东、实际控制人、董事、监事、高级管理人员持有的企业股份，36 个月内不得转让，限售期更长。

另外，对于一般股东，主板等其他板块的限售期是 12 个月，而北交所对一般股东没有限售期要求。

因此，在北交所上市，更短的限售期是一大优势。因为在北交所上市后，活跃度和交易量、换手率、交易频率都更高，股票投资也会更具价值。这样的限售期制度设置提升了实际控制人积极上市的动力，也提升了投资机构向北交所上市企业投资的热情，增强交易活跃度，优化了投资机构的退出通道，对实际控制

人、董事、监事、高级管理人员和投资机构来说都是一项重大
利好。

4. 股权激励制度要求更加宽松

众所周知，股权激励是企业留住人才、吸引人才的重要方
法，对于计划上市的企业来说，更加具有吸引力，这种带有持续
性和长期效果的制度容易被企业所青睐，所以不同板块对股权激
励的制度设计就显得尤为重要。北交所在股权激励制度的要求上
更加宽松，体现在以下几个方面。

首先，股权激励价格突破了50％的限制。主板要求股权激
励的价格不得低于股权激励计划草案公布前1个交易日、20个
交易日、60个交易日或者120个交易日企业股票交易均价的
50％，而北交所并无此限制。

其次，股权激励的比例进一步提高。《上市公司股权激励管
理办法》规定，上市企业全部在有效期内的股权激励计划所涉及
的标的股票总数累计不得超过企业股本总额的10％。非经股东
大会特别决议批准，任何一名激励对象通过全部在有效期内的股
权激励计划获授的本企业股票，累计不得超过企业股本总额的
1％。而北交所突破了这一限制，北交所上市规则规定，上市企
业全部在有效期内的股权激励计划所涉及的标的股票总数，累计
不得超过企业股本总额的30％；单个激励对象通过全部在有效
期内的股权激励计划获授的本企业股票，累计可以超过企业股本
总额的1％。

除此之外，北交所在差异化表决权制度的设计上更合理。北交所没有设置差异化表决权制度的上市企业规模要求，但规定企业上市前差异化表决权运行须满1年，更便于中小企业在上市前设置差异化表决权，体现了北交所服务于创新型中小企业的定位。

（五）为什么说北交所是中小企业逆袭的机会——以殷图网联为例

前面已经对北交所的制度特点、中小企业在北交所上市的优势进行了详细分析，接下来我们看看北交所首批上市企业殷图网联的上市情况，以印证北交所是中小企业逆袭的机会。

根据《北京殷图网联科技股份有限公司向不特定合格投资者公开发行股票说明书》①，殷图网联成立于2014年11月，2016年1月在新三板挂牌，2020年7月成为首批精选层挂牌企业，2021年11月成为首批北交所上市企业。总体上看，上市之路比较顺利。

根据殷图网联发布的2021年度审计报告和2016—2021年的年度报告②，2016—2021年度的营业收入分别为7463.30万、

---

① 北京证券交易所，上市企业公告，http：//www.bse.cn/disclosure/announcement.html，2022年9月9日浏览。
② 北京证券交易所，上市企业公告，http：//www.bse.cn/disclosure/announcement.html，2022年9月9日浏览。

7 248.53 万、7 315.40 万、8 724.63 万、9 141.46 万、9 079.30 万元，对应的净利润分别为 2 430.06 万、1 756.60 万、2 019.55 万、2 015.36 万、1 546.81 万、801.32 万元。从殷图网联 2016 年到 2021 年度的营收和利润情况可以看出，其每年的营业收入为 7 000 万～9 200 万，利润为 1 500 万～2 500 万。

作为一家上市企业，它的营收、营收利润其实都不高，不到 1 亿的收入，不到 2 500 万的利润，说明北交所的上市门槛并没有想象的高，很多中小企业其实都能达到，这也看得出来，过去的精选层即现在的北交所，对营收和利润的要求并不高，中小企业要增强在北交所上市的信心。

然而，很多新三板挂牌企业坚持不到最后，当发现挂牌新三板之后没有融到资，或者不愿意承担每年的规费，于是就摘牌了，这确实是很遗憾的事情。其实北交所会成为中小企业逆袭的机会，原因至少有三个。

（1）北交所是一个层次递进的市场结构，跟其他交易所比，它有着从基础层到创新层到北交所这样一个层次递进的结构，让很多企业包括殷图网联看到了上市的希望。

（2）北交所公开发行效率非常高，而且具有比较高的关注度。相对于上交所、深交所，目前北交所上市企业比较少，外界关注度也会比较高。

（3）从交易机制上讲，北交所的交易机制在向沪深交易所靠拢，这样也能跟其他的板块保持一致性。

综上所述，中小企业要想实现跨越式发展，必须要有绝招。通过上市，快速融资，实现弯道超车，超越其他大企业。

作者观点

中小企业在北交所上市的可能性有多大？做出多大规模才有在北交所上市的机会？

很多企业主曾经咨询我，关于自己企业在北交所上市的可能性有多大，以及要做出多大规模才有在北交所上市的机会等问题。这其实涉及上市的自我评估的问题，在本书第三章《上市前的自我审查与评估》里面有详细的表述。

在此需要重点强调一点，上市是一个动态的过程，企业上市的可能性有多大，其实也是动态评估的过程，只要企业不属于北交所上市禁止的行业（房地产、金融、淘汰类行业、产能过剩行业学前教育和学科类培训），其实都有上市的机会。营收达不到上市的财务要求，可以通过努力逐步达到；合规方面存在瑕疵，可以慢慢整改；技术和产品不成熟，可以逐步完善。通过基础层—创新层—北交所层层递进的模式，中小企业完全可以一边发现一边挂牌和上市，把业务发展和资本战略结合起来，齐头并进。

作者观点

在北交所能否更快实现上市？北交所上市大概需要多长时间？

对于中小企业来说，通过北交所能够更快实现上市。

一方面，北交所上市的财务指标要求更低，使得中小企业可以更早达到上市要求，也就可以更早起跑，而上市后又可以加速度起飞，比那些经过长期努力达到主板/创业板/科创板的要求后才启动上市的企业，能够更早获得资本市场的红利。

另一方面，北交所上市的特点之一是循序渐进式上市，即先挂牌后上市，挂牌新三板时就已经开始做准备，提前接受全国中小企业股份转让系统的监管和指导。俗话说"磨刀不误砍柴工"，上市需要做好合规等准备工作，本来北交所上市的起跑线更低，而通过挂牌，提前做好上市的各种监管准备，还能再早一步起跑，使得中小企业在北交所上市的进程更加流畅，更加快速。

另外，北交所上市需要连续在新三板挂牌12个月，而这12个月的时间，完全可以留给中小企业进行上市辅导，这段时间无论是准备北交所上市还是沪深交易所上市，都是必不可少的，所以12个月的时间并不是浪费，也不会让在北交所上市的企业在上市时间上落后于在沪深交易所上市的企业。

关于在北交所上市需要多长时间，如果单纯从股份制改造开始计算，大概要花两年的时间，如果仅仅从提交申报北交所上市材料且只有一轮问询开始计算，3～6个月即足够，具体时间表详见第五章第一节中的《北交所上市时间表》。但如果从企业设立开始计算，北交所上市的时间取决于企业对上市的准备是否充足，包括业绩准备、股权准备、合规准备和组织准备的情况。

第三节
技术路线上市之路——如何申请专精特新？

"专精特新"这一概念得到了前所未有的关注。一方面，这是为了解决"卡脖子"技术难题而必须推进的事情，以打破西方国家的技术垄断，进一步推进科教兴国战略；另一方面，北交所设立后重点支持专精特新企业到北交所上市，这一概念受到资本市场的关注。因此，作为准备申请北交所上市的中小企业，应当了解并且努力申请专精特新，以体现和发挥创新型中小企业的技术优势。

近些年来，国家积极推进中小企业走专精特新的发展道路。2013年7月16日，工业和信息化部发布《关于促进中小企业专精特新发展的指导意见》，要求加强对专精特新中小企业的培育与支持。2018 年 11 月 26 日，工业和信息化部办公厅发布了《关于开展专精特新"小巨人"企业培育工作的通知》，要求培育一批专精特新"小巨人"企业。2021 年 1 月 23 日，财政部、工业和信息化部联合发布《关于支持"专精特新中小企业"高质量发展的通知》，明确了"十四五"期间中央财政累计安排 100 亿元以上奖补资金，支持 1000 余家国家级"专精特新"中小企业发展。

符合工业和信息化部办公厅《关于开展国家级"小巨人"企业培育工作的通知》申报范围和申报条件的中小企业，可按相关要求进行申报。本节以润农节水为例，主要阐述如何申请专精特新，走技术路线上市之路。

一、 专精特新与北交所上市的关系——从润农节水说起

（一）润农节水的技术优势与专精特新

1. 润农节水的情况

根据润农节水（股票代码：830964）《向不特定合格投资者公开发行股票说明书》①，润农节水成立于 2011 年 5 月，一直专

---

① 北京证券交易所官网，上市企业公告，http://www.bse.cn/disclosure/announcement.html，2022 年 2 月 4 日浏览。

注于节水灌溉行业，致力于节水灌溉材料和设备的研发、制造和销售，以及为节水灌溉项目提供从节水灌溉材料、设备到工程设计、施工、安装、调试、技术支持的一站式服务，2014 年挂牌新三板，2020 年在精选层挂牌，2021 年成为首批北交所上市企业。润农节水于 2019 年被工信部评定为全国首批专精特新"小巨人"企业。

2. 润农节水的技术优势

润农节水有哪些技术优势，使得它能够成为专精特新小巨人企业，以及能够在北交所上市？润农节水注重技术创新和科研投入，已获得国家知识产权局授权的"一种滴灌系统及其控制方法""一种滴灌带生产设备及其生产工艺""一种农用磁化水肥灌溉装置""一种农田灌溉系统"等 7 项发明专利，并累计获取 73 项实用新型专利，如"地埋式滴灌、压力补偿滴灌、智能式滴灌"等都是国内领先的滴灌技术。其 PVC 管材和滴灌带获得"河北省中小企业名牌产品"称号，是国内最先引进并较早实现内镶贴片式滴灌带国产化的少数几家企业之一，已具备量产压力补偿滴灌产品的能力。"小麦-玉米灌溉制度优化与实时预报关键技术及应用"项目、"内镶片式压力补偿式滴头"项目 2019 年分别获得由科技部、国家科学技术奖励工作办公室批准设立的全国农业节水领域最高奖项"农业节水科技奖"二等奖和三等奖，与西北农林科技大学合作研发的"多能源互补驱动低能耗喷灌系列产品研发与应用"技术成果 2019 年获得农业农村部颁发的"神

农中华农业科技奖"一等奖，体现了润农节水在节水领域的突出
技术成果①。

成为专精特新小三人企业有多项要求，对知识产权数量、营
收、市场占有率等均有要求，从形式要求上看，首先是专利的数
量。润农节水有 7 项发明专利和 73 项实用新型专利，合计 80 项
专利，在节水领域的技术实力非常强。

（二）什么是专精特新

专精特新是指专业化、精细化、特色化、新颖化。只有产品
上具有专业性、新颖性、独特性，同时管理技术上具有精细性的
企业，才会被评为专精特新企业，并获得国家和地方政府的重点
扶持。

（1）"专"是指专注于核心业务，具有专业化生产、服务和
协作配套的能力，采用专项技术或工艺通过专业化生产制造的专
用性强、专业特点明显、市场专业性强的产品。

（2）"精"是指具备精细化生产、精细化管理、精细化服务，
采用先进适用技术或工艺，按照精益求精的理念，建立精细高效
的管理制度和流程，通过精细化管理，精心设计生产的精良
产品。

---

① 北京证券交易所官网，上市企业公告，http：//www.bse.cn/disclosure/
announcement.html，2022 年 2 月 4 日浏览。

（3）"特"是指采用独特的工艺、技术、配方或特殊原料研制生产的产品或服务，产品或服务具有独特性、独有性或有特殊功能，有自有知识产权。

（4）"新"是指具有技术创新、管理创新或商业模式创新等特点，依靠自主创新、转化科技成果、联合创新或引进消化吸收再创新方式研制生产的高新技术产品，具有新技术、新产业、新业态、新模式等特征。

（三）专精特新与北交所上市的关系

首批 81 家北交所上市企业中，有 16 家专精特新"小巨人"企业，占比近两成。这 16 家企业分布于汽车、通用设备、专用设备、金属非金属新材料、通信设备、计算机软件、航空航天装备、医疗器械等中高端产业领域①。这只是专精特新"小巨人"企业的数量，如果加上省市级的专精特新企业，数量更多。除此之外，作为北交所上市企业的预备队新三板企业，专精特新企业更多，根据工信部 2021 年 7 月 19 日公布的《关于第三批专精特新小巨人企业名单的公示》，2 930 家企业中有 424 家为新三板挂牌企业及曾在新三板挂牌的企业，而且根据 2020 年年报数据测算，1 657 家新三板挂牌企业符合工信部专精特新"小巨人"评

---

① 中国证券报，《数读北交所首批公司　专精特新成色十足》，中证网，https：//www.cs.com.cn/xwzx/hg/202111/t20211115_6220055.html，2022 年 2 月 3 日浏览。

选财务标准①。

北交所的定位是服务于"创新型中小企业"，而北交所的上市企业中有大量的专精特新企业。北交所会重点支持专精新特企业，由此可见，如果能够申请到专精特新企业的认定，对在北交所上市很有帮助。而且，我国目前需要以专精特新企业为代表的创新型中小企业来弓领中小企业的高质量发展，专精特新企业是评价中小企业是否具有技术创新能力的重要标准。因此符合条件的企业，都有必要积极评选专精特新。

那么"创新型中小企业"是否等同于专精特新企业呢？由于专精特新数量居多，专精特新企业又是中小企业中的佼佼者，不少人认为北交所就是服务于专精特新中小企业的，甚至有人直接把北交所等同于专精特新。

实际上，两者要求不一样，总体而言，创新型中小企业的范围要大于专精特新企业，前者类似于精英部队，后者类似于精英部队中的"特种部队"。如果我们能够申请到专精特新企业的认证，不仅能够获得各种补贴、奖励和政策支持，而且对申请在北交所上市有很大的帮助。

---

① 证券日报，《新三板或营收 5 000 万元以下"小巨人"聚集地》，https：//www. cs. com. cn/xwzx/hg/202108/t20210823＿6196406.html，2022 年 2 月 3 日浏览。

作者观点

是不是只有专精特新企业才能在北交所上市？申请专精特新认定对上市有何帮助？

正如前面所述，并不是只有专精特新企业才能申请在北交所上市，北交所对中小企业非常包容，尽管强调为创新型中小企业服务，但非专精特新企业也能在北交所申请上市。只不过获得专精特新的认定对申请在北交所上市有帮助。

由于北交所强调坚持其"服务创新型中小企业"的定位，"创新型中小企业"与"专精特新小巨人"的概念非常贴切，这意味着在某一细分领域有自身特色的中小企业能获得北交所和投资人更多的关注和投资机会，上市的概率更大。相比科创板对企业科创属性（高端科技、前沿科技）的要求，非科创属性的、细分市场的小龙头企业只要满足专精特新的标准就有上市的机会，上市门槛更低。

除此之外，北交所上市标准中"市值＋营业收入＋研发投入""市值＋研发投入"两套上市指标弱化了发行人持续盈利能力的审核要求，精准对接了研发创新驱动的"专精特新小巨人"的上市融资需求，这也对融资需求较大、重技术研发的专精特新企业更有吸引力。

另外，获得专精特新认定后（无论市级、省级还是国家级），都会有相应的财政补贴和政策支持，这对于打算计划在北交所上市的企业而言，既能帮助企业解决一部分资金需求，还能获得政府的政策支持，加速上市进程。

二、专精特新的三级体系和申请条件

（一）专精特新三级体系

专精特新三级体系，分为市级专精特新、省级专精特新"小巨人"和国家级专精特新"小巨人"三级体系。

（二）市级专精特新申请条件

每个省份的各地级市级专精特新申请条件并不相同，以山东省济南市①为例，其市级专精特新申请条件如下。

（1）符合项目内涵中的"专、精、特、新"特质。

（2）主导产品销售收入占本企业销售收入的50%以上。（硬指标）

---

① 济南市工业和信息化局，关于印发《济南市"专精特新"中小企业认定管理办法》的通知，http://jnjxw.jinan.gov.cn/art/2018/12/29/art_12910_2778601.html，2022年2月1日浏览。

（3）上年营业收入 300 万元以上。（硬指标）

从上述标准可以看出，市级专精特新的申请条件并不高，从营业收入看，很多中小企业都能达到。由于申请市级专精特新企业是申请省级和国家级专精特新企业的前置条件，因此，中小企业需要第一时间申请市级专精特新企业的认定。

（三）省（含自治区、直辖市）级专精特新申请条件（以北京市为例）

根据北京市经济和信息化局《关于推进北京市中小企业"专精特新"发展的指导意见》《北京市"专精特新"中小企业认定管理办法》以及《关于开展 2022 年北京市"专精特新"中小企业自荐工作的通知》①，北京市专精特新中小企业认定的要求如下。

1. 基本条件（同时满足）

（1）在北京市内工商注册登记并连续经营两年以上，具有独立法人资格的中型、小型和微型企业。

（2）符合北京市城市战略定位和产业发展政策，优先支持十大高精尖产业和硬科技产业。

（3）上年度企业主营业务收入占营业收入比重 50％以上。

---

① 详见北京市经济和信息化局官网，http://jxj.beijing.gov.cn/jxdt/tzgg/202112/t20211230_2579144.html，2022 年 2 月 5 日浏览。

（4）近三年无严重违法违规行为、失信行为，且未发生过安全、质量、环境污染事故。

2. 经营条件（符合条件之一）

（1）营业收入。上年度企业营业收入达到 1500 万元及以上。

（2）净利润。近两年企业净利润累计不低于 600 万元。

（3）企业估值。企业最新一轮融资估值不低于 1 亿元。

3. 创新能力

（1）主导产品属于产业链"卡脖子"环节，或属于关键领域"补短板"，或属于填补国内（国际）空白，或有效实现进口产品替代。

（2）获得与主导产品（服务）相关的授权发明专利数量，首台（套）产品认定，新技术新产品的数量（包括在研创新药、改良型新药和生物类似药 II 期、III 期临床批件数量和药品批准文号等数量）。

（3）获得与主导产品（服务）相关的其他知识产权数量（如软件著作权，实用新型、外观专利等）。

（4）近两年研发经费支出占营业收入的比重均不低于 5%。

（5）上一年度研发费用投入不低于 100 万元。

4. 专业化程度

（1）主导产品通过发达国家和地区的认证（国际标准协会行业认证）。

（2）企业拥有自主品牌。

（3）企业为龙头企业、大企业或重点工程项目提供配套产品（服务），并签订合同协议。

5. 精细化程度

（1）企业获得技术、质量、工程、环保、安全等资质或资格认定。

（2）企业至少1项核心业务采用信息系统支撑，或业务系统云端迁移。

6. 其他专项条件

（1）近两年主营业务平均增长率10％以上，或近两年净利润平均增长率10％以上。

（2）近两年企业主持或参与制（修）订相关领域国际标准、国家标准、行业标准或地方标准数量，或近两年主持或参与国家重大科研课题数量。

（3）企业自建或与高校、科研机构联合建立研发机构（技术研究院、企业技术中心、企业工程中心、院士专家工作站、博士后工作站等）。

（4）有上市计划（已向证监局提交IPO报辅申请并获受理；或已签订保荐机构）（新三板除外）。

7. 优先认定的条件

（1）近两年主持或参与制（修）订相关业务领域的国际标准、国家标准或行业标准。

（2）获得省级及以上荣誉称号或奖项。

（3）入选信用中国（北京）红名单。

（4）聚焦北京市重点鼓励发展的高精尖产业，深度参与大中小企业融通发展，并在产业发展关键环节发挥支撑性作用。

（5）主导产品通过发达国家和地区的认证（国际标准协会行业认证）。

（6）主导产品被认定为制造业单项冠军产品或省级及以上首台（套）产品、新技术新产品（服务）等。

从以上标准可以看出，北京市专精特新中小企业认定的标准相对比较严格，如要求上年度的营业收入达到1500万元以上或近两年企业净利润累计不低于600万元。不过，对于创业企业而言，有一个比较容易达到的条件，就是只要企业最新一轮融资估值不低于1亿元，就可以不要求营业收入或净利润指标。

（四）国家级专精特新"小巨人"申报的条件

根据工业和信息化部办公厅《关于开展第三批专精特新"小巨人"企业培育工作的通知》[①] 的规定，专精特新"小巨人"企业主导产品应优先聚焦制造业短板弱项，符合《工业"四基"发展目录》所列重点领域，从事细分产品市场属于制造业核心基础

---

① 工业和信息化部官网，https://www.miit.gov.cn/jgsj/qyj/wjfb/art/2021/art_f2b1523e63e740f6bae86ea6299fef67.html，2022年2月3日浏览。

零部件、先进基础工艺和关键基础材料；或符合制造强国战略十大重点产业领域；或属于产业链供应链关键环节及关键领域"补短板""锻长板""填空白"产品；或围绕重点产业链开展关键基础技术和产品的产业化攻关；或属于新一代信息技术与实体经济深度融合的创新产品。

国家级专精特新"小巨人"企业培育条件如下。

1. 已认定为专精特新中小企业

（1）在中华人民共和国境内工商注册登记、连续经营 3 年以上并具有独立法人资格的中小企业，符合《中小企业划型标准规定》（工信部联企业〔2011〕300 号）规定。

（2）属于省级中小企业主管部门认定或重点培育的专精特新中小企业。

2. 经济效益

截至上年末的近两年主营业务收入或净利润的平均增长率达到 5％以上，企业资产负债率不高于 70％。

3. 财务指标（满足其中之一）

（1）上年度营业收入在 1 亿元及以上，且近 2 年研发经费支出占营业收入比重不低于 3％。

（2）上年度营业收入 5 000 万元（含）～1 亿元（不含），且近 2 年研发经费支出占营业收入比重不低于 6％。

（3）上年度营业收入不足 5 000 万元，同时满足近 2 年内新增股权融资额（实缴）8 000 万元（含）以上，且研发投入经费

3 000万元（含）以上，研发人员占企业职工总数比例50%（含）以上，创新成果属于本通知"二、重点领域"细分行业关键技术，并有重大突破。

4. 专业化程度（同时满足）

（1）企业从事特定细分市场时间达到3年及以上，其主营业务收入占营业收入70%以上，主导产品在国内细分行业中享有较高知名度和影响力。

（2）细分市场占有率位于全省前3位（如有多个主要产品的，产品之间应有直接关联性）。

5. 创新能力（满足其中之一）

（1）拥有与主要产品相关的有效发明专利（含集成电路布图设计专有权）2项或实用新型、外观设计专利5项及以上。

（2）企业自建或与高等院校、科研机构联合建立研发机构，具备完成技术创新任务所必备的技术开发仪器设备条件或环境（设立技术研究院、企业技术中心、企业工程中心、院士专家工作站、博士后工作站等）。

（3）在研发设计、生产制造、供应链管理等环节，至少1项核心业务采用信息系统支撑。

6. 经营管理（满足其中之一）

（1）企业拥有自主品牌。

（2）取得相关管理体系认证。

（3）企业产品生产执行国际、国内、行业标准等。

（4）产品通过发达国家和地区产品认证（国际标准协会行业认证）。

综上可以得出，专精特新"小巨人"的核心要求有：经济效益、专业化程度、创业能力、资金管理、收入增长率、资产负债率、主营业务占比、研发投入等。

三、专精特新的奖励政策及申报流程

为了鼓励创新型中小企业的发展，推进中小企业高质量发展，国家和一些省市均出台了针对专精特新的奖励和支持政策，有利于激励中小企业申请专精特新认定。

（一）关于专精特新的奖励、补贴和优惠政策

1. 国家层面对专精特新补助

2021 年 1 月 23 日，工业和信息化部联合财政部印发《关于支持"专精特新"中小企业高质量发展的通知》（财建〔2021〕2 号），启动中央财政支持专精特新中小企业高质量发展政策。奖励政策为：2021—2025 年期间，中央财政将累计安排 100 亿元以上奖补资金，引导地方完善扶持政策和公共服务体系，分三批（每批不超过三年）重点支持 1 000 余家国家级专精特新"小巨人"企业高质量发展。同时在企业培育、政策支持、服务开展、

环境优化等方面都给予大力的支持。

2. 省（含自治区、直辖市）级对专精特新补助（以北京市为例）

（1）北京市对服务专精特新中小企业的公共服务示范平台的奖励和补贴。

根据北京市经济和信息化局发布的《关于申报支持服务"专精特新"中小企业的中小企业公共服务示范平台有关工作的通知》，本次将采取奖补结合的方式进行支持：一是服务补助。根据示范平台服务质量，按照服务费用情况给予一定额度的补助支持。二是绩效奖励。根据示范平台年度绩效考核目标完成情况，以及被服务专精特新"小巨人"企业成长情况给予一定奖励。入选的示范平台，将根据服务和绩效情况按比例进行资金分配，每家支持金额不超过200万元。

（2）北京市对专精特新中小企业的奖励和补贴。

根据北京市促进中小企业发展工作领导小组办公室发布的《北京市关于促进"专精特新"中小企业高质量发展的若干措施》，北京市力争到"十四五"末，国家级专精特新"小巨人"企业达到500家，市级专精特新"小巨人"企业达到1000家，市级专精特新中小企业达到5 000家。主要支持政策如下。

① 支持基础研究和成果转化。支持企业积极申报颠覆性技术和前沿技术的研发及成果转化项目，对项目设备购置、房租、

研发投入等分档予以支持，第一年最高支持 200 万元，第二至第三年支持金额最高不超过 500 万元。

② 加快专精特新集聚发展。各区围绕主导产业方向和企业发展需求，优化产业和空间布局，做好土地供应保障，打造一批专精特新特色园区。支持特色园区建设中试打样和共享制造等产业支撑平台，按实际建设投入给予最高 500 万元资金补助，并根据服务绩效给予最高 100 万元奖励。

③ 完善重点产业链配套。围绕龙头企业薄弱环节，组织企业开展揭榜攻关和样机研发，根据项目投入给予最高 5 000 万元支持。

3. 地级市（直辖市的区县）补贴政策（以北京市各区补贴政策为例）

据不完全统计，北京市经济技术开发区及通州区、顺义区等区均有针对专精特新企业的奖励政策。

（1）经济技术开发区：对新认定的国家级、市级专精特新企业和制造业单项冠军企业，每家分别给予不超过 30 万元、10 万元的奖励，晋级补差。

（2）通州区：对获得北京市专精特新中小企业称号的企业，给予最高 10 万元奖励；对获得北京市专精特新"小巨人"企业称号的企业，给予最高 20 万元奖励；对获得国家级专精特新"小巨人"企业称号的企业，给予最高 50 万元奖励。

（3）顺义区：对获得北京市专精特新中小企业称号给予一次

性 10 万元奖励；获得北京市专精特新"小巨人"企业称号给予一次性 25 万元奖励；获得国家级专精特新"小巨人"企业称号给予一次性 50 万元奖励，晋级补差。

总体而言，各地补助基本是在 10 万到 50 万元之间；也就是说无论是否获得国家级专精特新"小巨人"称号，只要评上市级或省级专精特新企业称号，当地财政都会有相应的财政补助，以此鼓励中小企业的前期研发投入。企业可就此咨询当地工业与信息化主管部门或财政部门。

（二）国家级专精特新"小巨人"申报流程

鉴于各地申请专精特新的流程各不相同，我就国家级专精特新"小巨人"的申请流程予以介绍。根据工业和信息化部办公厅《关于开展第三批专精特新"小巨人"企业培育工作的通知》，申报流程和文件要求如下。

1. 申报和实施流程

（1）推荐和初核。各省、自治区、直辖市及计划单列市、新疆生产建设兵团中小企业主管部门负责组织推荐和初核工作，要按照宁缺毋滥的原则，坚持标准、严格把关，推荐报送总数不超过 200 家，其中上年度营业收入不足 5 000 万元的企业数不超过 10 家。重点从省级认定的专精特新中小企业中择优组织填写"第三批专精特新'小巨人'企业申请书"，并参考"佐证材料"进行初审核实，提出推荐意见。

（2）申报采取网上填报与纸质报送相结合的方式。

（3）网上填报。企业通过专精特新中小企业在线报送系统（https：//zjtx. miit. gov. cn/xjrgz/index），在线填写并上传相关材料。

（4）提交纸质材料。企业通过网上填报后，提交纸质材料（佐证材料无需报送，妥善保管，留存备查）。

（5）审核公布。工业和信息化部组织对各地上报的推荐材料进行审核。根据审核结果，确定并发布专精特新"小巨人"企业名单。

2. 申报材料

（1）必选项：①封面（注明国家级专精特新"小巨人"、企业名称、主导产品名称、企业地址、联系人、联系方式、申报时间等信息）。②国家级专精特新"小巨人"企业申请书。③营业执照复印件。

（2）可选（佐证材料）：①经会计师事务所审计的最近两个完整年度会计报表和审计报告复印件。②主导产品市场占有率或排名的佐证材料。③与填报内容对应的其他相关佐证材料复印件（银行信用等级证，专利证、注册商标证，产品认证、质量管理体系认证证书，省级以上科技成果奖证书，高新技术企业证书、企业技术中心证书，以及近三年省级以上奖励和荣誉证书等）。

3. 提交时间及地点

国家级专精特新"小巨人"申报时间，为工信部发布公告规定的申请周期，将纸质材料邮政特快专递（EMS）寄至工业和信息化部中小企业局。（省级申报时间各自不同，以北京市为例，北京并未规定时间窗口，而是可以随时申请择日审批，可以看出北京市政府大力鼓励创新的态度。）

（三）走技术路线上市之路

若企业的营收增长率能符合上市的要求，技术属性具有很强说服力，且具有发明专利著作权等优势，建议同步或者尽快启动专精特新企业的申请工作，从市级开始到省级到国家级，走技术路线上市之路、走专精特新之路。

1. 坚持专业化发展战略

（1）长期专注并深耕于产业链某一环节或某一产品，能为大企业、大项目提供关键零部件、元器件和配套产品以及专业生产的成套产品。

（2）企业主导产品在国内细分行业中拥有较高的市场份额。

2. 具有持续创新能力

在研发设计、生产制造、市场营销、内部管理等方面不断创新并取得比较显著的效益，具有一定的示范推广价值。

3. 管理规范、信誉良好、社会责任感强

（1）生产技术、工艺及产品质量性能国内领先，具有较好的品牌影响力。

（2）企业重视并实施长期发展战略，重视人才队伍建设，核心团队具有较好专业背景和较强生产经营能力，有发展成为相关领域国际领先企业的潜力。

4. 有下列情况之一的企业，不得被推荐

（1）申请过程中提供虚假信息的；

（2）近三年发生过安全、质量、环境污染事故的；

（3）有偷漏税和其他违法违规、严重失信行为的。

作者观点

什么类型的企业适合去北交所上市？ ——看食品企业大连盖世食品上市之路

有些读者看完本节的内容后，可能会担心，由于自己的企业不是专精特新或者技术创新型企业，是否会对申请北交所上市不利或受到歧视。其实完全不用担心，前面讲过，重点培育专精特新企业并不意味着其他企业没有北交所上市的机会或会受到歧视。

首先，只要企业不是北交所禁止上市的行业（房地产、金融、淘汰类行业、产能过剩行业、学前教育和学科类培训），都有上市的机会。

其次，北交所强调服务创新型中小企业，我们需要理解何为"创新"。技术创新只是创新的一种，除此之外，还有产品创新、

业态创新、商业模式创新、管理创新等创新情形，只要我们有创
新的理念和情形，都可以申请北交所上市。

最后，作为印证，我们看一下北交所首批上市企业大连盖世
食品（股票代码：836826）的上市之路。根据大连盖世健康食品
股份有限企业 2020 年 12 月 31 日发布的《公开发行说明书》①，
大连盖世食品于 2015 年 11 月成立，企业主营业务为海洋食品和食
用菌食品等即食开胃凉菜的研发、生产和销售，致力于打造中国
产业化预制开胃凉菜领导品牌。主要产品按照产品属性划分，包
括藻类、菌类、山野菜、鱼籽及海珍味等系列开胃凉菜产品；按
照加工方式划分，包括调味品类、干品类、冻品类、盐渍类产品。
凉菜生产销售企业属于食品消费行业，不属于高精尖产业，截至
2022 年 2 月 6 日大连盖世食品尚未获得国家级"专精特新"小巨
人称号，但是，这并不妨碍其成为首批北交所上市企业。这是因
为大连盖世在产品创新上有独到之处，也是创新型中小企业。从
技术实力上看，截至 2020 年 12 月 31 日，其已获得专利 12 项（其
中发明 3 项、实用新型 9 项）、计算机软件著作权 8 项、注册商标
26 项。企业现已取得食品安全管理体系 HACCP 认证和质量管理
体系 ISO9001（2015）认证。可见，无论是高精尖行业，还是普通
的食品行业，只要不是北交所禁止类行业，都有上市的机会。

———————————

① 北京证券交易所官网，上市企业公告，http://www.bse.cn/disclosure/
announcement.html，2022 年 2 月 4 日浏览。

第 二 章

为什么要上市？
——上市的重要性和必要性

上市是很多企业主的梦想，如何去实现这个梦想？理解这个问题需要从两个维度展开。首先，上市和资本运作是企业的战略命题，很多知名的企业将其作为非常重要的工作，我们要思考这些知名企业是如何通过上市和资本运作快速实现做大做强。其次，理解这个问题需要明白自己为何要上市，上市能够给企业带来哪些好处。

第一节
企业的上市和资本运作是企业的战略命题

何为战略？战略就是让企业能够超越其他竞争者，站得更高、跑得更远更快的发展计划。所以企业想要充分发展，必须要有上市的战略和资本运作的战略，不能随波逐流。同时企业的上市合资运作也经常被看作是战略命题，关乎企业自身的存亡，只有做好上市和资本运作，企业才能够生存，甚至做得更好。否则，一旦经营业绩又不景气，企业消亡将成为大概率事件，这也是企业上市作为战略命题的重要原因。

一、 插上腾飞的翅膀——国美上市后的三变

2004 年 6 月，国美电器成功借壳中国鹏润上市。国美上市是 20 世纪初家电零售市场的一件大事，通过国美上市后的三变可以更好地理解如何利用资本市场快速做大做强的逻辑。上市以后的国美开始对很多企业进行控股，这就是资本运作逻辑，通过不断地设立控股企业和参股企业，将自己的触角伸向各个产业和行业，支撑这种扩展的则是其背后雄厚的资金。

（一）第一变：收购竞争对手

2006年10月，国美电器收购上海永乐电器，国美和永乐签订并购合并协议，两大家电零售业巨头合并，合作后变成整个行业的巨无霸。两大巨头合并后国美规模和影响力都变得更大。国美为何能成功收购上海永乐？原因很简单，因为国美成功上市以后，有足够的资金收购家电零售业的同行。这也足以说明，如果想在同行业内快速做大做强，一定要抢先融资抢先上市，因为某家企业一旦变成老大，就可以碾压其他企业。如果当时抢先上市的是上海永乐电器，国美是否还能有今天的发展成果很难下定论，但毫无疑问其发展会变得十分困难，至少不会有并购上海永乐的机会。

2007年12月，国美又收购了大中电器。国美在收购大中电器以后，实力再度上升，如果国美没有上市，根本没有那么多资金收购自己的竞争对手。

（二）第二变：经营模式拓宽

国美上市以后，经营模式进一步拓宽，2010年10月，国美电器投资库巴购物网，到了2011年4月，国美电器网上商城全面上线，消费者可以通过国美电器的网上商城线上购物，国美的销售渠道从过去纯粹的线下搬到了线上，业务模式拓宽了。如果国美没有上市，它很难有机会能够迅速拓宽业务模式，因为建设网站、拓展技术等需要大量的资金投资。

（三）第三变：资金来源更加广阔

国美上市使得它的资金来源更加广阔，国美在 2007 年 5 月发行 2014 年到期本金总额 46 亿的人民币零息可换股债券。2009年 8 月，国美集团与贝恩投资订立投资协议，贝恩投资同意认购国美集团发行的 2016 年到期的可换股债券，共计人民币 15.9 亿元。上市以后国美电器的资金更加宽裕，而充裕的资金带来的是更快的发展。

假如当年国美没有上市，零售业的格局还会是现在这样吗？如果国美没有上市，国美想迅速扩张自己的店面可能没那么容易。所以上市是一个乘法，让企业能够快速发展，上市是中小企业的机会。

作 者 观 点

连锁店是否有机会像国美一样上市？

根据我多年从事资本市场业务的经验，连锁店也有机会像国美一样上市。连锁店的特点是，单店的营收和资产规模都不大，但是如果有成百上千家连锁店，整体的营收和资产规模就能够达到上市的要求。当然，要区分上市的板块与方式，寻找适合连锁店上市的板块与方式。

从上市板块上看，连锁店最适合在北交所上市，其次是主板。原因在于，北交所对上市的行业范畴和财务指标要求比较低，作为连锁店，更容易达到。而且北交所对行业的限制比较少，连锁店作为传统行业，在北交所上市不会构成障碍。如果连锁店的业绩和规模比较高，也可以考虑在主板上市，因为主板对行业的限制也比较少。而科创板和创业板显然不太适合，因为科创板要求科创属性，创业板对科技含量的要求也比较高。

从上市方式来看，直接上市和重组上市的方式都可以。国美采用的是重组上市的方式，连锁店也可以采用这种方式。

二、 除了上市，别无退路——中小企业纷纷上市的背后真相

上市对很多企业而言既是梦想也是必然的选择，中小企业为什么都积极上市并把上市作为核心目标？因为对中小企业而言如果不上市可能真的会死，除了上市别无退路，上市对于中小企业来说不仅仅是锦上添花，更多的是一种雪中送炭。对很多企业来说，上市不仅仅是为了企业变得更好，更多时候是为了基本的求生。我们看看中小企业有哪些切肤之痛，从这个角度来讨论中小企业为何上市。

（一）市场竞争压力非常大

以云企业为例，云企业领域的领导者有阿里巴巴、华为、腾讯，还有金蝶、用友，以及中国移动、中国电信、金山、东软、华胜天成、优刻得等。此外，还有大量其他的中小云企业。面对这些竞争者，中小型企业应该如何面对？为了在这个阶段生存下去，上市对这些中小云企业来说就是一件不得不做的事情，如果能够成功上市就能够逐渐超越其他竞争者，而如果不能上市可能就要出局，不进则退：这是目前中小企业面临的一个非常大的问题。

中小企业在市场上的表现呈现出三个很明显的特点：第一，对应的头部企业基本上都在不断地收割市场，很多场景下行业内都是头部企业赢者通吃，头部企业不但收购市场的各种业务，而且掌握了头部资源，那么剩下的中小企业只能不断地内卷，不断地陷入低价竞争，去争夺剩下为数不多的市场，所以中小企业的窘境就是逼得它要么上市，要么转型到其他的细分领域，在一个竞争对手较少的细分领域去竞争。如果两者都做不到，那么结局很有可能就是破产。

（二）高额的经营成本

以云企业为例。我们知道云企业是重资产行业，需要大量的人力物力投入，既然有大量的人力物力投入，就意味着资金链就要承受相当大的压力：因为它的研发成本会逐渐增加，同时很难快速在短期内实现盈利。所以，当面临高额的资金成本，如果没有持续的资金支持企业就很难持续下去，获得持续资金支持的渠道要么是持续股权融资，要么是上市。

（三）对风投资金的显著依赖

以青云科技（科创板上市企业，股票代码：688316）为例，根据其发布的《首次公开发行股票并在科创板上市招股说明书》[1]，青云科技在 2018 年 C 轮融资 2.43 亿元人民币，2019 年 D 轮融资 9.7 亿元人民币。从中可以看出中小企业对风投资金的显著依赖，如果没有风投资金，可能这类中小企业早就撑不下去了。很多中小企业的现状是，一开始经营的时候，就需要不断地通过融资去维持它的运转，没有融资可能根本就撑不到上市。青云科技一直到上市，获得了近十几亿元人民币的投资，但当时还是没有实现盈利，上市以后才逐渐实现了盈利。如果没有风投资金，青云科技根本不可能活到上市，这也是众多中小企业所面临的问题。

对于科技创新型中小企业而言，大量的资金用于研发，而且研发投入越来越高，如果还没有产生稳定收入，现金流量将不断下降，甚至变成负数，如果不上市或者融不到资，极有可能因资

---

[1] 上海证券交易所，北京青云科技股份有限企业公告，http：//star. sse. com. cn/star/market/stocklist/info/announcement/index. shtml? COMPANY _ CODE＝68 8316，2022 年 2 月 1 日浏览。

金链断裂破产。所以上市对科技创新型中小企业来说是一个必然的选择。

第二节
上市对企业主、投资人、员工等利益相关者的意义

上市到底对企业的利益相关者（企业主、投资人、员工、供应商以及客户）有什么意义？从很多案例中可以看出，上市不仅仅是企业主的梦想，很多时候也是其他利益相关者的梦想。一旦企业上市，投资人、员工、供应商、客户都可能因此受益，能够燃起他们的梦想。

上市对利益相关者的影响主要包括哪些？

首先，能够实现一夜暴富，当然这一点针对的是能够持股的利益相关者，如投资人、员工，也包括一些能够参与上市企业持股的供应商等。

第二，上市之后，企业的供应商和客户更愿意合作，能够增加企业的市场影响力、社会地位以及谈判能力，如果不是上市企业，供应商跟企业之间可能只是常规的业务合作，但如果是上市企业，供应商更愿意进行长期稳定的合作。

第三，上市能够激励团队，激励团队不仅仅体现在持股或者

经济物质上，上市企业工作人员的自豪感和成就感通常远高于一般的非上市企业，所以上市对团队是巨大的激励。

第四，上市能带来对人才的虹吸效应，因为一旦企业上市，能够将非上市企业的人才吸引过来。反之，企业人才都会慢慢流失到其他上市企业。因此，上市企业也往往有着更强的人才实力。

最后，如果同行已经上市，那么企业必须要尽快上市，否则，未来在竞争中很有可能会失败。

一、一夜暴富不是梦：拼多多创办三年上市

从拼多多创办三年上市来看，一夜暴富确实不是梦。本节将从拼多多的上市之路回顾怎么能够做到三年内成功上市，上市对拼多多来说有何影响，从中可以看出上市如何改变一个企业，然后进一步分析对于企业企业主来说上市为何意味着开启财富密码。最后从投资人角度分析，很多时候企业上市是不得不为，投资人要求企业必须上市，企业要怎样才能做到满足投资人的上市要求。

（一）拼多多的上市之路

拼多多从 2015 年成立到 2018 年 7 月份在纳斯达克上市，历

时仅三年零三个月，速度非常快。

1. 拼多多为什么选择那么迅速地上市？

拼多多为什么要选择在这个时间点上市，为什么不效仿其他很多企业，比如小米在成立之后，经过八年的奋斗，最后成功上市。可以从三个角度展开思考。

（1）来自其他竞争对手的压力。竞争对手成功上市，所以倒逼拼多多上市，事实上也存在这种可能性，因为市场竞争中一旦谁能够掌握上市的先机，谁就能够尽快融资和快速做大，这种压力对拼多多而言是必然的。

（2）拼多多可能已经达到了资本市场的高估值，容易估值倒挂。拼多多在上市前的估值达十几亿美元，已经很高了，如果上市后在资本市场估值提升空间不大甚至估值倒挂，对于后期的投资人是极为不利的，而且越往后机构投资人越不敢再投，只有快速上市，让投资人从二级市场变现是比较好的办法。

为什么一级市场和二级市场的投资会出现差距，原因在于一级市场是机构投资人给出的估值，而二级市场既有机构投资人，也有普通的散户，大家一起在市场上进行公开交易最后形成市场价。所以如果在上市以前机构投资者认为企业估值较高，已经达到上限，就可能拒绝进行投资。投资人拒绝投资引发的后果是，如果后期没有融资，如拼多多没有在 2018 年上市而在两年以后也就是 2020 年才上市，那么从 2018 年 4 月获得 D 轮融资之后，到上市以前的两年时间里，企业经营需要的资金可能难以再通过融资获取。因为拼多多当时的估值已经足够高，投资人进行投资后拼多多的估值不一定再有上涨的空间，而如果此后拼多多估值下降，那就导致估值倒挂，投资人的投资就是失败的。所以在 D 轮融资以后，投资人的投资一般都非常谨慎，尤其针对估值测算都会要求非常高，所以抢着上市往往都与此有关，因为估值到了市场的高估值区间，投资人可能不再认可更高的估值，也就意味着往后拼多多除了上市难以从私募市场获取融资，进而面临企业资金链断裂的风险。

（3）投资机构急于上市套现。本书后文中会讲到投资人的获利模式，其实获利模式很简单，即前期用投资来推动企业发展，当企业发展起来，市场给出更大的估值之后，再通过上市以后股权套现，这样就能获取丰厚的利润。拼多多的股东和投资人数量众多，要想给投资人和股东满意的交代，拼多多必须尽快上市。上市以后投资人才可以进行市场公开交易，最后达到自由套现的目的。如果上市选在一个很难出手的交易所或者市场，那么上市可能就是失败的，因为这样的话如果无法套现，投资之后没法退出。

所以拼多多的上市，既是因为来自市场竞争对手的压力，同时这也表明了投资人已经认为拼多多在 D 轮融资之后估值已经达到了市场的高估值，不太可能再获取新的融资，那么上市对于拼多多就成了唯一的选择。投资者需要套现退出，早点收回投资款，而上市以后有大量的散户接盘，所以这也是拼多多上市的原因。

2. 为什么上市越早越好？

第一，企业可以超越自己的竞争对手，更早上市意味着领先。

第二，上市以后企业可以利用很多上市企业的资源，包括政府资源、业务资源、供应商资源等。

第三，上市以后更容易筹资，因为上市以后可以公开募资，一旦能够成功募资，很多业务的开展可以更加得心应手，所以早早上市也可以加速发展。

拼多多三年上市是一个非常好的典范，事实证明做业务和上市两者并不冲突，可以同时进行。

（二）从拼多多看企业主如何获得财富密码

上市对企业企业主来说，到底隐藏着什么样的财富密码？可以从拼多多上市对创始人黄峥的影响分析上市企业主如何致富。

根据证券时报的报道，2020年12月30日，拼多多一夜大涨15%，市值突破2000亿美元，超越京东和百度之和。黄峥身价一夜增长500亿元人民币，其持有的拼多多股票价值约4000亿元人民币，超越马化腾成为中国第三富豪，比马化腾高出400多亿元，基本追平马云①。大家可以推算一下，如果不是上市，黄

① 证券时报，《惊人碾压！拼多多再涨16%，市值秒杀A股商超全板块，黄峥身价力压马化腾、追平马云！》，https://www.cs.com.cn/gppd/gsyj/202012/t20201230_6125984.html，2022年2月3日浏览。

峥如何可以身价几千亿元？

从拼多多上市看，虽然上市本质上是募集资金，但并不能完全限制创始人套现离场。虽然创始人套现有周期的要求，但是并不能说完全不能套现，所以上市后其中一个客观结果就是使创始人财富有一个极大的增值。

作者观点

为什么说北交所设立后，中小企业企业主的春天来了？

我在从业过程中，经常听到企业主说，自己辛辛苦苦干了很多年，也没有攒下来多少钱，一直都很努力经营，但是企业仍然处于不大不强、比上不足比下有余的状态，对企业接下来怎么发展，感到迷茫。

这是国内改革开放后搞制造业发展起来的很多中小企业企业主的心声。过去几十年，很多企业的发展靠的是人口红利，开一个鞋帽加工厂就可以赚不少钱，但是随着中国人口红利的消失，企业未来的发展靠的是精细化管理、技术发展和产业升级。作为有一定财富积累的中小企业，如果想更进一步，在北交所上市是一条切实可行的路径。因为，北交所设立后，上市的门槛较低，过去很难达到上市的条件，现在有机会了。一旦上市，企业迈向了快车道，借助资本市场的力量，改变目前企业这种不大不强的状态，引来事业上新的突破，成为细分领域的龙头。同时，通过上市，企业主能真正实现财富自由。

二、投资人的退出机制： 投资人要求必须上市退出

（一）投资人为什么要求上市并退出？

为什么投资人要求必须上市退出？首先要理解投资人投资并不是做慈善，大部分投资人也不是为了所投产业的长期发展，而是要实现资金的快速增值。那么怎样才能实现快速增值？就需要在投资后通过各种方式找个恰当的时机套现退出。上市是最好的方式，原因有两点。

第一，上市退出北非上市退出更加简单，因为上市是公开渠道，有大量的投资人一起接盘，而如果通过非上市渠道，就需要专门去找其他投资人，这种方式成功的概率远小于通过上市退出。

第二，通过上市退出，更容易获得比较高的价格。因为上市是通过公开渠道定价，往往估值比私募交易的估值高，上市后交易能获得一个比较高的价格。所以，投资人往往要求在企业上市以后退出，并且要求企业尽快上市，以便能尽快退出。

（二）投资人退出的模式

市场上最常见的有三种投资人：天使投资人、VC（Venture Capital，风险投资）、PE（Private Equity，私募股权投资）。天使投资人一般投早期项目，金额比较低；而 VC 一般投早中期项目，投资金额比天使投资人要高一些；PE 一般投中后期项目，投资金额比较高。

之前讲过，投资人的投资是为了退出，那么一般有几种退出模式？最常见有三种模式。最优退出渠道：上市；中等退出渠道：并购退出；保守退出渠道：股权回购。

关于并购退出，指的是目标企业的股东将股权控制权转让给新的控股股东，投资人随之退出。如果企业因为业绩等原因难以上市，或者投资人不接受上市的各种烦琐的手续和程序，并购退出也不失为一条可行的路径。

关于股权回购，指的是在企业或创始股东/实际控制人触发了投资协议等文件的约定，构成了违约，投资人有权要求创始股东/实际控制人回购投资人的股权。对于企业来说，如果找了投资人，双方往往会签署各种文件，包括对赌条款，一旦违反了对赌就触发回购。相对于前面两种提出方式，股权回购的交易过程最为简单，成本也最低，主要受限于创始股东/实际控制人的支付能力。

作者观点

北交所的锁定期等特色制度对机构投资人是重大利好

对于机构投资人来说，新三板和北交所的相关特色制度是重大利好，有利于提升投资人投资新三板和有北交所上市潜力的企业的兴趣。

第一，在新三板挂牌和北交所上市的企业，如果股东持有股票一年以上，股东分红均可以免税；而且针对在新三板挂牌后通过定增等方式取得挂牌企业的股票的投资人，后期退出时也是免税的。

第二，退出问题是私募基金最关心的问题之一，能越早退出的话，投资人就可以加速资金的流转，投资也更加安全。北交所上市门槛低，上市的确定性比较强，使得投资人可以尽快退出。

第三，北交所的锁定期制度对投资人非常有利。针对上市前已经入股的投资人，北交所上市规则并没有规定锁定期，这不同于主板、创业板、科创板对非控股股东外的股东有一年的锁定期限制，而针对在北交所上市时参与战略配售的投资人，锁定期为6个月，主板、创业板、科创板的战略投资者有一年的锁定期限制。

作者观点

融资时投资人提出对赌，企业是否应该答应？

对赌也叫估值调整，分为业绩对赌和上市对赌，指的是如果企业达到了约定的对赌目标（业绩目标或上市目标），投资人可以奖励一部分股权给创始股东，而一旦没有达到，就可能触发三种情形：①股权回购，即投资人以一定的收益率（一般年化8%～10%）要求企业或创始股东回购；②股权补偿，即要求创始股东再免费或以法律允许的最低价向投资人转让一部分股权作为补偿；③现金补偿，即要求企业或创始股东再向投资人支付一部分现金作为补偿，而原有股权继续保留。

我曾代理过多起因对赌失败导致的股权纠纷，出现这些纠纷的大部分原因是创始人太过自信，没有谨慎对待业绩对赌和上市对赌的目标实现的可能性。我建议：

（1）针对业绩对赌，创始人要结合企业的实力和形势的变化，谨慎评估其可能实现的业绩，跟投资人协商合理的目标，哪怕因此被投资人降低估值。只有这样，才能保证企业稳妥发展，而不会在融资后为了达到业绩目标拔苗助长。

（2）针对上市对赌，属于投资人的正常诉求，大部分投资人的目标都是通过上市退出，因此很难拒绝投资人针对上市的对赌，但是企业要尽快做好上市的规划，把投资人给的时间表和企业可能实现的时间表进行匹配。有的企业在天使轮融资时就被投资人要求 5 年内甚至 4 年内上市，但是企业才刚刚成立，没有任何业绩和产品，这么短的上市时间要求很难实现，这就需要双方就此认真探讨，约定一个合理的上市时间。此外，也要跟投资人沟通上市的板块要求，如投资人是否会接受在北交所上市或港股创业板上市等，以便企业提前做好筹划，毕竟不同板块的上市条件和程序有所不同。

三、上市对员工的好处

（一）实现财富增长

上市对员工而言第一个明显的好处就是增加个人财富，普通员工在企业上市以后财富变化虽然可观但是有限，但企业高管往往可以借此实现财富自由。员工只要在企业上市前持股，上市后就能实实在在地实现财富增长。如果企业的员工无法实现财富增长，那么任何激励都是虚假的。

（二）股权更容易套现

员工经常会有各种各样的疑问：花钱持股什么时候可以套现？如果企业倒闭怎么办？企业不退钱怎么办？这种种顾虑在

企业上市以后就不复存在，因为上市以后只要过了锁定期，员工可以随时在交易期内出售股权套现，相较非上市企业灵活得多。

此外，北交所上市的一大优势是，在企业上市前已经入股的非实际控制人、控股股东、高管外的一般投资者，不设锁定期，也就是说，企业上市后，员工不需要像其他板块一样等待一年才能套现，而是马上可以出售获利。

（三）降低失业率

上市对于员工而言还能够降低失业率，因为很多员工尤其是民营企业的员工，他们担心企业随时裁员或破产，工作可能并不稳定，如果在上市企业工作，除了一些特殊情况以外，失业率相对会低得多，因为上市企业资金实力相对雄厚，不会轻易出现重大问题，企业破产的概率不会太高，员工就不会轻易失业。

同时，只要企业发展良好，企业就不会轻易裁员，员工失业率相较于非上市企业会低得多。上市企业的发展相对稳定，因为在监管下企业的运营和管理都会更加透明，对员工来说不必担心失业也可以更加专注于自身的工作，这也意味着员工和企业的双赢。

四、上市对供应商的好处

上市对供应商等其他利益相关者又有何好处？

（一）品牌的加成

上市对很多供应商而言是一种品牌的加成，如果供应商为上市企业服务，那么在企业的简介中上可以列明曾为哪些上市企业客户进行服务，未来在和其他企业合作的时候能够借此加分，提升企业的品牌形象。

（二）信用的提高

上市也有利于生态链上的企业信用的提高，因为一旦和上市企业合作，例如，欣旺达在小米上市以后，在很多合作伙伴那里都获得了信用评价的提高，因为上市企业相对比较稳定和资金充裕，作为上市企业的主要供应商，意味着企业的业绩就不会有重大波动，其他合作方也更乐意与这样的供应商展开合作。

（三）增强供应商和合作方的信心

企业上市后，供应商和合作方会认为企业能上市说明运营能力强，所以愿意跟着上市企业一起走，资源上也会倾向于上市企业，对自己未来的发展也会更有信心。

作者观点

我为什么经常劝"创一代"尽快上市，以实现财富的顺利传承？

我接触过很多"创一代"，这些第一代的创业者做事勤勤恳恳，事业上风生水起，但是在接班问题上很是苦难。有的企业主说，自己开了一辈子工厂，想早点退休了，但是厂子以后交接给谁？要给家里、子女一个交代（尤其是子女不愿意继承和经营产业的情况下），也想给这么多年跟随自己的兄弟们一个交代。

这是很多中小企业企业主面临的很现实的问题。事业需要有传承，但是第一代企业主已经年龄渐长，企业进一步发展需要有规范的管理、充足的资金、专业的职业经理人等，从而可以早点退休，把财富传承给子女，并分股权给兄弟们。在北交所设立之前，中小企业一直沿着传统模式和轨道运行，难以实现规范的管理、获得充足的资金、吸引专业的职业经理人，因为规模不大，也没有迅速弯道超车的机会。

北交所设立后，由于较低的上市门槛，中小企业通过上市而让上述期望有了可能。首先，北交所设立后，企业只有加强合规管理才能上市，而通过先在新三板挂牌可以逐步适应监管的要求。其次，通过上市，能够融到足够的资金让企业发展，同时也可以让分给兄弟们的股票有溢价和实现财富自由的机会。再次，通过上市可以吸引到专业职业经理人，从而让子女即使不经营企业也可以享受企业的财富，实现财富的传承。

第三节
企业发展从土路进入高速公路的最佳路径

企业上市后，发展感觉像是从土路进入高速公路，从中可以看出企业为什么要上市。如果企业上市，无论是在上市的过程还是上市以后，企业自身能力都能得到极大的提升，同时也能够获取更多的政策支持。从这两点来说上市对企业是一个很好的修炼，能够很好提升企业本身的实力，实现长足发展和快速发展。

上市能够实现企业自我实力提升，这可以从四个维度来观察。

第一，上市能够提高企业筹集资本、提高资本的融通能力，也就是资本能够快速变现，快速流通。一旦上市，企业的股票能够在资本市场快速流通，而非上市企业往往难以变现，如果投资一个非上市企业，未来想要退出只能找其他人接盘。如果是上市企业，很快可以通过股票交易变现，所以上市能够提高企业的筹集资本、提高资本的融通能力。

第二，上市能够提高企业的地位和市场形象、品牌价值。上市企业董事长跟非上市企业董事长，这两个身份完全不一样，上市企业董事长能够吸引更多资源进行合作。

第三，通过上市能完善企业的治理结构，让企业得到规范发展。一旦企业能够规范发展，对企业企业主至少不会产生太多负面的影响。因为上市企业的合规要求比较严格，哪怕企业以后走职业经理人路线也可以更放心，因为除了企业主自己的监督以外，还有公众、交易所和证监会、媒体的监督，督促上市企业能够长远健康发展。

第四，上市能够使得企业抗击风险的能力大大增强。当企业已经是一个规模比较大的、具有一定影响力的上市企业，出现任何风险，它的抗风险能力相对于非上市企业来说也会强很多。

上市能够大大提升企业这四个方面的实力，让企业在未来能够更好更稳定地去发展，下文将进一步详细地阐述这些内容。

一、提高筹集资本、提高资本的融通能力

我们首先从非上市企业的融资困境来看，为什么说上市是解决融资的最佳手段。

（一）非上市企业的融资困境

1. 非上市企业的资金渠道

（1）银行借贷。能够进行银行借贷也需要企业有一定的实力，很多企业规模特别小，通过银行借贷也很困难。

（2）私人借款。很多企业要么是向自己的法人、大股东或其他股东借款，要么向社会上其他的民营资本来借贷。如果向股东借贷，可能获得低息甚至无息的贷款，相对更为容易，但如果向民间资本借款就会产生高额的资金成本。

（3）股权融资。企业正常发展会吸引投资人来投资，但相对而言没有那么容易，投资人在对非上市企业进行投资时可能更加谨慎，很多投资机构一年下来可能看了上百个项目但是投不了几个项目。因为股权投资不像债权投资，到期就可以要求还本付息，对于股权投资来说，如果企业经营赔本，那么投资本金也会亏损，所以吸引股权投资对于企业本身有很高的要求。

（4）企业通过自有收入来支持企业发展。企业通过营收所得来支撑企业发展，支撑企业研发等。

这四种情形基本上覆盖了一个非上市的企业所有的资金渠道。这四个渠道里面，暂不讨论自有资金，那么除了最开始的股东投资之外，后面的股权融资更多的是需要企业本身有一定的前景，能够吸引投资人进行投资，而有实力的企业更容易拿到银行贷款，但并不是所有企业都能够贷款。所以很多企业如果在发展过程中缺钱，往往选择私人借款，甚至选择高利贷，一旦接触了高利贷，企业的资金成本会非常高，如果之后不能及时还款，可能最后企业的利润逐渐都会被高利贷吞没，导致企业没有盈利，所以需要十分谨慎。

这实际上是目前国内大量民营企业普遍面临的问题，融资渠道有限，而且成本比较高。非上市企业想要快速发展，想要迅速研发新的产品，拓展新的市场，会发现自有资金不够，融资渠道有限且成本比较高，使得企业限于资金的困境难以快速发展。这是目前我观察到的企业共有的困境和问题。

2. 如何解决融资难的问题？

（1）健全财务制度。很多银行不敢向民营企业发放贷款的一个重要原因是一些民营企业的财务制度混乱，很多时候记账不一定准确，使得银行难以确认企业财务的真实性，存在盈利造假骗取贷款的可能性，所以健全财务制度对获取银行贷款有帮助。

（2）重视创新。企业本身想要融资往往是为了发展创新的产品，但是要融资得有创新，一旦有创新的研发产出，不仅更容易获取政策支持，而且再进行融资容易引起投资方的兴趣。投资方会更加青睐能够解决实际问题的创新型企业。

（3）学会融资。融资困难也有自身不擅融资的原因。企业里CFO的角色就是为企业选择一套组合拳，既要有长期投资，如股权投资，同时也需要一些短期投资，保持资金的整体成本可控。融资方面既要做股权融资，也要做债权融资，也就是吸引一部分人投资进来，同时也要寻找另一部分人提供借贷资金。善于融资，就是学会打融资的组合拳。

（4）上市。只要上市，上面的问题能得到解决。第一，针对信用等级低的问题，上市企业信用等级肯定是高的；第二，针对融资成本高的问题。上市以后融资成本并不高，而且以后可以增发新股，增发新股相较于债务融资成本较低，可控程度更高；第三，针对融资渠道狭窄的问题，上市后，各个银行都愿意把上市企业股票作为质押贷款。除此之外，上市还有很多其他好处，比如可以再融资，还可以发债来募资。因此上市可以从根本上解决企业在募资方面的问题，所以这是上市的第一个好处。

过去很多民营企业为什么会破产，原因主要有两个：第一，对银行有过多的依赖。如果银行突然不再续贷或者抽回贷款，在这种情况下民营企业很容易发生资金链断裂。第二，融资渠道单一。上市以后会有很多其他的融资方式，增发股票、股票质押、发债等，融资会变得相对容易。

（二）为什么上市以后企业融资变得更加简单？

上市以后，企业融资之路更为开阔，融资难的问题能得到顺利解决。上市后的融资方式包括：

（1）可以随时增发股票。

（2）可以进行配股。

那么配股和增发股票有什么区别？增发股票属于新增股票，就是由新的人进来买股票，但是配股是现有的股东进行配股，如过去 10 亿股，每个股东再配同样的股数，最后全部股份就变成 20 亿股。这样是不是凭空发钱？其实不是。因为一旦配股，股价要相应的折叠，配股完之后股票的总市值保持不变。

（3）可以发债。过去没上市时，企业只能去银行贷款，或主动找债权人借钱，上市以后企业可以发债等人购买，其中的主动和被动性质完全不同，非上市企业无法发债。

（4）股票质押。上市以后可以进行股票质押融资，因为股票本身有价值。

二、提高企业地位和市场形象

上市的第二个好处是企业能够提升企业的品牌，提高企业的地位和市场形象。

（一）能够提高企业的品牌和市场形象

品牌是企业的对外呈现，让外界了解企业。上市是一个非常好的建立品牌的过程，因为上市后所有的重要信息都需要进行公开披露，一旦企业有好的形象或项目等，就会引来极大的关注，这就是品牌的价值。通过上市，社会公众对企业的印象会更深，而通过媒体报道企业的影响力也会更大。如果企业跟客户进行商务谈判，对方知道企业已经成功上市，那么在谈判过程中，对方有可能因此让步。这就体现了品牌的价值，谈判中对方相较于非上市企业给予上市企业更加优惠的价格或其他条件完全是正常的。

（二）能够提升客户信心，促进销售

很多客户和消费者认为上市企业就是一家很大的企业，产品质量和稳定性方面能让自己更加信任，所以会优先选择上市企业的产品，企业上市能明显拉动品牌效益。

（三）更加容易集聚人才

招聘的时候，应聘者更青睐已经上市的企业，因为有更大的成就感和施展抱负的空间。所以上市企业不仅能够带来品牌效应，还能带来集聚人才的效应。简单来讲，上市以后企业招人变得更加容易，上市企业即使薪水较低，也更容易获得员工的青睐。企业上市以后的人才保有能力显著增强，因为能进行员工持股计划，所以企业的员工也不会轻易离职。

三、完善治理结构，企业规范发展

上市企业第三个好处就是能够通过上市完善治理结构，从而

引导企业规范发展。

上市本身是一个内外兼修、脱胎换骨的过程，只有这样的上市才是成功的。上市本身是一个挑战，同时也是一个企业不断提升自己的过程，通过上市过程，以及上市以后的监督和管理，可以让企业运营更加规范。上市过程中，企业需要不断调整自身的治理结构，如董事会席位由谁任命，股权激励如何安排等治理结构问题，这也在帮助企业更加完善和规范地发展。

四、增强抗风险能力

上市还能够大大增强企业的抗风险能力。假如出现了市场风险，显然非上市企业会更容易先死掉，而上市企业因为有比较大的规模，一旦出现风吹草动，完全可以克服困难抗击风险。

此外，一个处于困境的上市企业，相关方都会有兴趣提供帮助。首先，投资人会考虑救它，因为救企业就是救投资人自己，一旦上市企业破产，投资人可能就血本无归，所以一定会尽其所能地救上市企业。第二，上市企业遇到困境之后，政府也会力所能及提供帮助。第三，供应商愿意帮忙，供应商和上市企业之间往往有大量订单，一旦上市企业倒闭，就会导致应收账款无法收回。

五、获取更多政策支持

上市以后，企业的各项能力得到极大提升，同时也可以获得更多的政策支持，因为扶持企业上市对政府来说是很好的政绩，所以政府对于企业上市往往会大力支持。

以北京为例。根据《北京市人民政府办公厅关于进一步支持企业上市发展的意见》[①]，北京市级财政给予每家拟上市企业总额不超过 300 万元的资金补贴，区级财政资金补贴不低于市级标准。对在境内主板、中小板、创业板首发上市的企业分阶段给予补贴。境外直接上市企业的上市资金补贴参照上述规定执行；并且出台更有力度、更加精准的上市激励政策，在办公用房、人才引进等方面给予支持。制定支持企业在全国中小企业股份转让系统（新三板）、本市区域股权市场、机构间私募产品报价与服务系统挂牌、融资、并购等方面的政策。

很多地方政府均出台了针对上市的相关补贴和奖励政策。除此之外还会有其他的政策支持。第一，上市企业往往会有税收优惠和税务返还；第二，能获得政府提供的人才补贴和人才公寓，对上市企业政府会给予额外的关照，帮助企业留住人才；第三，

---

① 北京市人民政府官网，http：//www.beijing.gov.cn/zhengce/zhengcefagui/201905/t20190522_61198.html，2022 年 2 月 4 日浏览。

上市企业在用地用房上有很多优待，比如用地优先安排看地，拍卖用地也会优先安排，甚至部分地区为了鼓励上市企业生根发芽，直接免费给予用地、用房。

除此之外，一旦企业上市，由于上市企业对当地经济的影响大，上市企业的董事长、高管往往有机会被选为人大代表或政协委员，这样他们本身的影响力提升了，其提案更容易引起政府的关注，因为作为人大代表可以参与立法，政协委员也有权对政策进行献言建议，长期来看对上市企业的运营会有很大的助益。

第四节
华为、老干妈、娃哈哈为什么不上市

有企业上市，就有企业不上市。前面介绍了很多上市的好处，我们也需要看看为什么有的企业实力雄厚但选择不上市，然后对比一下，看看我们是否也是因为这些原因而不愿意上市，如果不是，那我们就需要尽快下定争取上市的决心，做好上市的准备。

一、不上市的原因

在上市企业越来越多的今天，华为、老干妈、顺丰、娃哈哈都曾宣称坚决不上市。可惜，顺丰改变了主意，已经登陆深交所，市值高达2000多亿元人民币。

那么，为何华为、老干妈、娃哈哈一直坚决不上市呢？

（一）不缺钱

对于华为来说，一是不缺钱，二是其经营理念是以客户为中心，保护客户的商业秘密，一旦上市，必然要面临改变，核心竞争力将大大受损。所以，即使上市后可能估值会非常高，华为依然不上市。

对于老干妈来说，品牌已经做到了极致，即使上市，除了融点资之外，品牌不可能会有太大提升。它的商业模式非常简单，现金交易、不赊账、不欠款，没有应收账款，也没有欠债，没有必要上市。

作为曾经的中国首富，宗庆后所领导的娃哈哈集团也没有上市，原因和老干妈相似。

（二）保持对企业的绝对控制，防止被资本控制

企业要上市，就要发行足够量的股票，企业控股股东的股权必然会被稀释。最让企业创始人担心的是上市以后，自己对于企业的控制权是否还在。从"宝万之争"就能看出来，一旦上市，会有大量的公众股票，就可能有人通过在公开市场大量买股票取得上市企业的控制权，使得控股权易主。

任正非在接受新华社采访的时候，曾经谈到华为 28 年不上市的原因①。他说："因为我们把利益看得不重，就是为理想和目标而奋斗。如果上市，'股东们'看着股市赚几十亿元、几百亿元，逼我们横向发展，我们就攻不进'无人区'了。"

（三）避免信息曝光

避免信息曝光，这也是企业选择不上市的重要原因。企业上市以后，与上市以前最重要的一点区别就是，变成了一家公众企业，需要如期披露年报，需要严格依照要求公开各种信息。很多信息是不能公开的，否则极易遭到竞争对手的拷贝甚至打击，或者会带来其他的一些麻烦和灾难。

总体而言，华为、老干妈、娃哈哈之所以不上市，一是不想圈钱，二是不想沦为资本的赚钱工具。

二、上市的风险

总体来说，企业上市有一定的弊端。

---

① 《华为任正非接受新华社专访：必须坚定实施供给侧改革》，https：//tech.china.com/news/company/892/20160511/22629148.html，2022 年 1 月 1 日浏览。

（一）信息披露使企业财务状况和商业秘密公开化

企业的管理层尤其要意识到，随着公开上市，企业需要及时披露大量有关自身的信息，同时还须公布与企业业绩相关的确定信息和部分预测信息。另外，企业的上市无疑会引发对企业、企业业绩以及董事的进一步详细调查，董事会要为更加频繁的媒体曝光做好准备，曝光的内容主要涉及企业的财务状况和业务战略，同时董事会还要及时公布有关企业发展情况的最新信息，无论是正面的还是负面的信息。

因此，一旦上市，企业就要在一个透明的环境下运营，完全暴露在投资者的目光下，因受企业文化传统等诸多因素的影响，企业需考虑是否适应高透明度的运营。

（二）股权稀释，减低控股权

股票意味着产权和控制权，它赋予投资者投票的权利，从而使投资者影响企业决策。企业一旦上市，其重大经营、管理决定，如净利润保留、增资或兼并，都需要股东在年度会议上通过。所以，上市后执行董事会在做战略决策时也就不能只按自己的意愿，而是要首先获得大股东的许可，这意味着在上市后企业主对企业控制力有所戒弱。

（三）被敌意收购的风险

一旦上市，企业就更容易遭到敌意收购，因为企业的股票是自由买卖的，这意味着可能有一天，你的企业被其他企业突然收购及接管。著名的"宝万之争"，就是因为上市后，市场上有大量的公众股，宝能系大量购买后获得足够多的筹码，从而入股万科董事会，引起后续的万科控制权之争。

（四）上市的成本和费用高

除了进行首次公开发行和入场交易的费用外，还有一次性的准备和改造成本及上市后成本，甚至，有时还会发生诉讼，如果产生投资者赔偿，那么成本就更高。上市后，股票就成了一种产品，像其他有形产品一样，同样需要企业去维护。这两项工作将会占用企业资源，而企业在证券市场上的不当行为如果给投资者造成损失，诉讼成本和赔偿费用也将是一笔不小的开支。

关于上市的成本和费用的问题，将在下一章第一节中进行详细分析，企业主也可以针对上市的成本和未来的收益做一个预估，是否值得承担上市的费用。

（五）先付费用，但企业不一定能成功上市

企业一旦计划上市并开始实施，即需要先向法律顾问、保荐人、会计师支付部分费用，此部分费用无论上市成功与否都会产生。另外维持上市企业地位亦会增添其他费用。

关于上市的成功率问题，也会在下一章第一节中进行详细分析。

作者观点

能不能避免上市的风险？

本节提到了上市的风险，这也正是很多中小企业企业主担心的问题。这些风险能否避免呢？结合我多年的经验看，有些上市的风险可以避免，有些上市的风险是因为合规的强制要求，无法完全避免，要理性区分和对待，从而做好合理的评估，并采取相关措施降低上市的相关风险。

关于上市的成功率问题，我和很多创始人交流过，他们表示达到两年净利润均 1500 万元以上的要求并没有问题，北交所的门槛并不算高。只要企业符合上市的各种业绩条件和软性指标，其实上市没有想象中那么困难，所以不必担忧无法上市。

关于上市的费用问题，后文会有详细介绍，尽管中小企业无法做到所有费用都在上市后支付，但是可以跟中介机构沟通，把上市费用的大头放到上市后支付（从上市成功后的融资中扣除），上市前只需要支付一小部分费用，这样费用可控，基本可以控制费用的风险。

关于上市后股份被稀释以及可能被恶意收购的问题，基本上也可以避免。采用的方式包括：跟现有管理层、大股东们签署一致行动协议、搭建员工持股平台让员工持股、建立 AB 股区分投票权权重等制度，使得实际控制人即使直接持股的股权比例不高，也能保障其控股权，不被恶意收购。

关于上市后需要公开信息导致企业财务信息和商业秘密公开化的问题，这是对上市企业合规的强制性要求，无法完全避免。但是，北交所出台了针对商业秘密的豁免披露制度，中小企业可以通过申请豁免的方式，只披露正常信息，涉及企业核心机密的信息可以豁免披露。

第 三 章

你的企业适合上市吗？
——上市前的自我审查与评估

上市是中小企业生存和发展的必要选项，但是很多企业可能存在自我怀疑甚至自我否定：企业是否存在上市的条件？是否能够成功上市？本章接下来分享如何判断企业是否适合上市，如何通过上市前的自我审查与评估得出结论。如果满足上市的条件一定要尽快上市，要抢在竞争对手之前构建战略优势。假如暂时没有达到上市条件或者不适合上市，那么企业要进行战略调整，努力转向上市的道路，总有一天可以达到上市的要求。

第一节
对于上市的担忧与犹豫

关于上市，有哪些担忧和顾虑，担忧或顾虑是否成立？这些担忧和犹豫又是否是非上市企业的通病？应如何解决这些担忧和犹豫？

一、担忧上市花费过高

很多企业和企业主害怕上市的费用过高，解决这一担忧主要从两个方面出发，第一要了解上市的费用有哪些、具体成本有哪些；第二要了解企业上市在什么时候付费，付费的时间跨度会直接影响企业和企业主的付费意愿，在相同条件下，企业和企业主肯定更乐意于分期付费。详细了解这两方面的问题，知道答案后，企业和企业主对于上市花费过高的担忧自然迎刃而解。

（一）上市的费用

以北交所为例，目前在北交所上市相对费用可控且较低，如果选择创业板、主板或是科创板，费用可能相对偏高。因此，北交所仍然是大部分中小企业上市的首选。

在北交所上市需要经历两个阶段，第一个阶段是需要进行股改和挂牌，股改是指改制成股份有限企业，挂牌是指在新三板挂牌，挂牌基础层或是创新层。在新三板挂牌满一年、进入创新层并且达到了业绩条件之后，就可以申请北交所上市，上市服务是第二阶段，这两个阶段的费用也存在差异。在北交所上市大概有哪些费用？

1. 股改、挂牌服务费

第一阶段服务内容包括股改和挂牌两项，一般这两项服务会一起收费，因为企业股改基本就是为了挂牌，两项服务基本绑定。目前两项服务的市场价格一般是 200 万～300 万元，这个费用指券商、律师、会计师的收费总和，两三百万元的价格并不高，因为企业挂牌之后会有政府的补贴，并且企业在股改挂牌以后更容易吸引投资人的投资。

2. 上市服务费

北交所上市服务主要包括四个阶段，第一阶段是财务顾问阶段，前期作为企业的财务顾问，进行尽调，将企业的基本问题做梳理，然后进入第二阶段即上市辅导阶段，辅导后进入第三阶段即发行申报阶段，之后进行最后一阶段即股票承销阶段，这是上市服务的四个阶段。在上市服务阶段，一般采取打包收费，具体收费标准如下。

第一部分是保荐承销费，在 800 万～2 000 万元，具体费用取决于募集金额。服务费率根据统计基本上介于融资募资金额的8％～15％，也就是支付给券商的保荐承销费，当然募资金额提高的情况下服务费率会下降，北交所的募资金额相对较低，大概在两三亿元，因此服务费率介于8％～15％，如果在主板、创业板或者科创板上市服务费率会更低，但服务费绝对值更高。

第二部分是审计和验资费，一般在150万～300万元，这部分是给注册会计师和资产评估师的费用。

第三部分是律师费，一般在100万～200万元，这部分是给律师事务所的费用。

（二）企业什么时候付费

虽然上文所说的费用并不高，但对于很多企业来说也是不小的负担，所以什么时候付费也决定了企业是否承担得起上市的费用。

1. 分阶段收费

因为考虑到企业一次性付费会承担过高的财务压力。上市本身并非一蹴而就，而是需要一个较长的时间段，需要逐渐步入不同的服务阶段，所以采取分阶段收费。

2. 保荐承销费上市以后从发行金额中扣除

上市阶段最大的费用就是支付给券商的保荐承销费，但这部分收费并非直接从企业账户里转出，而是在上市以后从发行金额里扣除，如募资10亿元，承销费为2 000万元，那么会在扣除

2 000万元之后，再把剩下的9.8亿元打给企业，从发行金额里扣除，意味着这部分金额不需要企业账户对外支付。万一发行不成功，就无需再支付后面的承销费用，因此从总体费用看相较于几亿甚至几十亿元的募资金额，保荐承销费用并不高。

（三）对于费用是否需要担忧

从上市的费用角度考虑，企业完全没有必要担忧，原因在于：

（1）北交所上市的两个阶段费用相对于募资金额并不高。

（2）上市费用可以分两个阶段进行支付。

（3）最大的一部分费用是从发行金额里扣除的。

（4）基本上每个地方政府都会对企业股改挂牌上市的各个阶段进行补贴，合理使用补贴能够部分涵盖前期费用甚至完全涵盖前期费用，企业自身的上市费用负担其实并不重。

以北京为例。上文提到过，北京市级财政对于企业上市有300万元的补贴，同时规定如果企业上市，区级政府财政要进行不低于市级财政的补贴，因此企业在北京上市能够获得至少600万元的补贴，足以涵盖上市的大部分前期费用。尽管政府补贴没办法涵盖上市的全部费用，但是能涵盖前期费用，基本上除去占比最大的保荐承销费，其余上市的前期费用并不高，而保荐承销费是在发行成功之后扣除，一旦企业上市成功，在能够吸引投资人投资的情况下自然能够负担。即便企业上市不成功，那么按照分阶段支付上市费用的步骤，也无需再支付后期的费用。政府补贴对企业而言支持力度相当大，所以企业完全不必担忧上市费用过高。

二、担忧整改成本过高

很多企业和企业主担心上市的整改成本过高，整改成本包括哪些？假设企业偷漏税，过去有现金没有入账，如果企业要上市，这些相关问题肯定需要整改，有些企业和企业主就会担心这种整改的成本过高，如需要补缴一大笔税款，企业可能难以负担。但这其实不是问题，原因分析如下。

（一）无论企业是否上市，存在问题都需要整改

如果企业现在不进行整改，一旦以后出现更大的风险就来不及整改，整改可能需要一定的成本，但是从风险消除的角度看，这些成本的付出完全值得，所以上市不需要担心整改成本，上市增加整改成本是伪命题。

（二）整改之后企业合规了，企业主才能踏实

2021年4月，最高人民检察院下发《关于开展企业合规改

革试点工作方案》①，里面提出一个非常重要的理念，就是"合规不起诉"，即检察机关对于办理的涉企刑事案件，在涉案企业作出合规承诺并积极整改落实的情况下，可以依法做出不批准逮捕、不起诉决定或者根据认罪认罚从宽制度提出轻缓量刑建议，开展企业合规改革试点工作。

这意味着，假如未来企业的某一个员工犯罪，如行贿，企业被检察院起诉时，如果检察院发现企业确实已经有了相应的合规组织、合规制度和合规办法，那么就可能对企业和法定代表人不予起诉，只追究该名员工的责任，这对于企业主具有重要的保护意义。很多企业的销售员为了提成和业绩可能向客户行贿，甚至可能在不告知企业的情况下自掏腰包行贿，以此获取订单和提成，如果没有"合规不起诉"的制度，真的发生了这种事且暴露了，风险很可能由企业主或是企业法人来承担，因为刑法中有一个罪名是单位行贿罪，如果企业员工行贿，除非企业主明确表示反对，否则需要承担单位行为的后果，很多企业主因此就进了监狱，而上市企业因为合规制度完善就不容易出现这样的情况。如果企业完成整改，建立了合规制度，那么未来假如某一个业务员没有经过企业的同意私下行贿被抓，企业和企业主就可以免责，因为企业已经建立了合规制度，员工不遵守责任由员工自己

---

① 最高人民检察院官网，https：//www.spp.gov.cn/xwfbh/wsfbt/202104/t20210408_515148.shtml♯1，2022年2月2日浏览。

承担。

如果上市前将不合规的问题妥善解决，同时建立相应的合规管理制度，证明企业确实为合规付出了重要的努力。那么无论未来是否能成功上市，首先能保证企业不会轻易被起诉，至少有豁免的机会。

（三）因为上市而整改能获得政府的大力支持和谅解

如果整改不是因为要上市，政府可能会不留情面地要求补税等，但是如果企业是因为上市整改，在这种情况下当地政府往往给予大力的支持和谅解，因为对于当地政府而言，本地企业能够上市，是政府的一项成绩。如果企业过去欠税，在补缴全部税款的基础上，政府可能会从轻处罚；如果企业没有为员工足额缴纳社保，在补缴的情况下，政府在合法权限内可能不予处罚。这些问题如果企业不是因为上市而整改，政府大概率不会妥协或者给予支持，但如果为了上市而整改，企业可以给政府一个承诺函或者说明，政府盖章确认了解情况并不再追究，这样对上市就不会产生根本的影响，因此在上市过程中整改是一个非常好的选择。

（四）整改成本总体可控

不必担心整改成本过高，若是整改成本真的高到无法承受，企业肯定不会选择上市，企业还在为整改成本犹豫，那么说明整改成本一般是可控的。如偷漏税不多，补缴之后对上市不会产生重要影响，而上市以后的收益与整改的成本比，哪个更高答案显而易见。一定要从大局出发看待上市，该整改一定要整改，上市后收益会比整改成本高得多。

三、担忧无法上市

企业对于上市的第三个顾虑就是担心自己无法成功上市，担心自己的条件无法满足，这是很常见的顾虑，但是这种担忧一般是不成立的。

（一）北交所的上市门槛其实并不高

我在前面介绍过北交所的上市条件，从中判断上市是否像大部分企业想象得那么难。北交所上市有四套标准，只要满足其中之一就可以上市。第一个标准是市值加净利润加 ROE，市值要求不低于两个亿，同时要求最近两年净利润均不低于 1500 万元，或者最近一年净利润不低于 2500 万元，且加权平均净资产收益率不低于 8％。所以严格地讲，这对于很多企业来说还是比较容易达到的，只要企业满足上市的标准，上市其实并不难，完全不用担忧无法上市。

而且，企业上市前在财务顾问阶段，会计师和律师会出具相应的尽调报告，对企业情况进行尽职调查并判断是否能够上市。如果企业上市真的存在无法解决的硬伤，那么上市就需要搁置，不会耽误企业后面的安排，但如果满足条件就可以上市，所以完全没必要纠结于企业是否满足上市条件。

（二）注册制时代，上市的确定性更高

注册制的核心就是把所有的审核标准、过程、结果全部公开，方便公众监督，在这种情况下如果企业的客观条件达到了，上市把握就会很大，不必担心上市被有意阻碍。在注册制下只要达到上市标准，即便上市审核失败也需要合理解释。所以注册制有利于上市，上市从过去的严格核准制变成注册制加事后监管制，上市本身其实没有想象的那么难，只不过在上市以后，在信息披露过程中如果发现企业存在严重问题，企业有可能被退市，但那也已经是成功上市以后的事。

四、担忧不合规情况曝光

企业的最后一个担忧是关于不合规的问题，有企业主担心企业不合规的情况曝光，前面提到过对整改成本过高的担忧。有时候企业主尽管愿意承担整改成本，但是担心曝光以后对自己不利，如偷税漏税、给客户回扣、向员工集资等曝光以后，不但影

响企业的声誉，企业主可能还需要承担刑事责任，比如给客户回扣涉及行贿。

针对这些问题，主要需要了解两点。第一，不合规的事情迟早要解决，如果在上市前解决，不容易成为他人手中的把柄，同时前面也提到过在上市过程中解决相对容易。第二，对于害怕不合规的情况曝光，每家企业可能都有一些不合规的问题，需要具体问题具体分析。如果企业不解决而是抱着侥幸心理，未来一旦被曝光或者突然爆发问题，最后可能难以收场或者解决成本大大增加，所以不如让上市成为最佳的解决时机。

因此，不必担心不合规的问题，而且现在这些不合规的情况其实大部分都能够得到合理的解决，至于解决方法，在第六章中会详细叙述。简单举例来说，企业偷漏税的问题，只需要补缴；回扣的问题让对方把钱退回来或取得检察院的谅解；向员工集资问题可以退还向员工集资的借款，而如果入股则可以完善登记手续。这些不合规情况都能合理解决，所以没必要为此有太大的担忧。

很多时候当企业还在踌躇和犹豫的时候，会发现在不经意间对手已经上市了，如果自己企业不上市只能等死，因为一旦竞争对手都上市了，对方作为上市企业，跟自己作为非上市企业相比，在手中的筹码、资金实力、市场渠道、影响力等各方面完全不在一个水平。在这种情况下企业会非常危险，所以企业一定要赶在对手上市前尽快上市，抢占市场先机。对于上市其实不用担心，企业的担忧更容易得到解决，因此一定要抓紧时间尽快筹划上市，抓紧时机赶超对手。

第二节
上市前的综合评估

我们可以从六个方面来分析判断企业是否适合上市：行业，商业模式，规模/财务指标，股权结构，团队及企业治理，合规等软性指标。

一、行业

（一）行业属性的自我判断

1. 判断自己的企业属于什么行业

可以参照国家发改委发布的《产业结构调整指导目录（2019 年本）》，该目录分为鼓励类、限制类、淘汰类，分析自己的企业属于哪个行业，如纺织行业、矿产行业、建筑行业、电子行业等，最好细分到具体行业，属于鼓励类、限制类还是淘汰类。对于经营企业而言，行业属性应当明确，因为国家对不同行业的政策不同。

2. 要看该行业属于朝阳行业还是夕阳行业

如何理解朝阳行业，如智能制造、芯片、新能源材料等，都属于国家鼓励的行业，属于朝阳行业，是未来有着巨大的市场前景的行业。而煤炭开发、钢铁生产属于夕阳行业，因为这些行业目前产能仍然过剩，国家要限制产能、控制污染、限制开采。

3. 要判断该行业属于国家鼓励的行业还是限制的行业

前面提到的夕阳行业不一定受国家限制，可能是行业本身需求就比较少。国家鼓励的行业往往属于朝阳行业，对于上市而言有优势，尤其是我们经常提到的"专精特新"，都属于国家鼓励的优势行业。有些行业在上市的时候会有很多限制，如金融行业。

因此，对上市而言，首先要做一个自我行业属性评估。受不同行业的未来前景、政策态度影响，上市可能性都会不同。

（二）各板块对上市企业的行业属性要求

主板主要对企业的经营时间、盈利、现金流等有一定的要求，在主板上市的一般都是大型的优秀企业，如刚刚上市不久的中国电信、中国移动。同时，很多在主板上的企业都是传统行业，比如一些大型央企、矿产资源能源企业、钢铁企业等。上交所和深交所均设置主板，主板对于行业属性没有太高的要求，主要对企业体量的要求比较高。

各板块对于上市企业的行业属性要求见表3-1。

表 3-1　各板块对于上市企业的行业要求

板块	对上市企业的行业属性要求
主板	主板对企业的经营时间、盈利、现金流等要求最高，因此在主板上市的多为大型优秀企业，以传统产业为主。沪深两市均设有主板
科创板	上交所独有板块，主要为科技创新及成长型企业服务的交易市场。相比创业板，科创板更注重的是企业的创新能力
创业板	深交所独有板块。主要为达不到主板上市要求的中小企业和新兴产业企业提供的交易市场，以科技类、新兴产业类企业为主。创业板上市对企业的行业要求比较宽松
中小板	主要是中小型企业，其中不乏一些具备高成长性的细分行业龙头。相比主板，中小板企业规模较小。2021 年 4 月 6 日，经中国证监会批准，深交所主板和中小板合并，中小板正式退出历史舞台
新三板/北交所	为创新型、创业型、成长型中小企业发展服务，是此类板块的初心和宗旨，在服务民营经济、中小企业发展中发挥重要作用

科创板是上交所设立的板块，主要为科技创新及成长型的企业提供服务市场，主要针对的是在科技上有明显技术优势的行业，如芯片行业、新能源行业。

创业板是深交所设立的板块，最初主要是为达不到主板上市要求的中小企业和新兴行业企业提供的交易市场，以科技类新兴企业为主。相较于科创板，创业板对科技性和行业属性的要求更为宽松。

另外，中小板已经在 2021 年正式与主板合并，完成历史使命，退出历史舞台。

北交所的主要定位是给创新型、创业型、成长型的中小企业，尤其是专精特新企业提供交易服务。相对于科创板和创业板，它的特点是对行业属性要求不高。北交所、科创板、创业板三个板块中，科创板对行业的科技属性要求最高。而北交所要求有一定创新、一定的成长性，标准会低很多。

（三）各板块鼓励、限制和禁止上市的行业

1. 科创板

（1）科创板鼓励和支持的行业。科创板鼓励支持的行业主要是新一代信息技术、高端装备、新材料、新能源、节能环保和生物医药。它们都是技术属性要求比较高的行业（见图 3－1）。

鼓励和支持的行业	限制的行业	禁止的行业
• 新一代信息技术 • 高端装备 • 新材料 • 新能源 • 节能环保 • 生物医药	• 金融科技 • 模式创新企业	• 房地产 • 金融 • 投资公司

图 3－1　科创板鼓励、限制和禁止上市的行业

（2）科创板限制的行业。限制的行业有：金融科技、模式创

新企业。金融科技行业的科技含量需要进行审查才能确定；模式创新企业是指只在模式上有一定的创新。这二者的科技属性易受到质疑，但是限制并非完全禁止。

（3）科创板禁止的行业。禁止的行业有：房地产、金融和投资企业。因为此类行业并不具有相应的科技含量。房地产主要进行开发建设，金融行业主要依靠金融牌照，投资企业依靠的是投资经验，并不符合科创板上市的科技属性要求，也不是很符合创业板和北交所的要求。

2. 创业板

（1）创业板鼓励和支持的行业，与科创板大体相似。

（2）创业板禁止的行业，包括农林牧渔、农副食品加工、采矿、食品饮料、纺织服装、黑色金属、电力热力燃气、建筑、交通运输、仓储邮政、住宿餐饮、金融、房地产、居民服务和修理。这些都是典型的传统行业，在创业板是被坚决禁止上市的。

3. 北交所

北交所目前在《北京证券交易所向不特定合格投资者公开发行股票并上市业务规则适用指引第1号》（以下简称"指引第1号"）中列举了6种禁止上市行业类型：金融业、房地产企业、产能过剩行业、淘汰类行业（以《产业结构调整指导目录》中规定的淘汰类为准）、学前教育、学科类培训企业。

作者观点

传统行业、咨询企业等非高科技企业能在北交所上市吗？——以中设咨询为例

本书提到北交所的定位是为创新型中小企业服务，因此是不是只有高科技企业才能在北交所上市？答案是否定的。即使不是高科技企业，只要不是上面列举的五类禁止领域，都有机会在北交所上市。

以咨询行业为例。大家都知道咨询行业并不属于高科技行业，而是以咨询人员的经验、方案等智力成果为客户提供服务的，不是硬科技，也不是全标准化产品。根据中设工程咨询（重庆）股份有限企业（股票代码：833873）发布的《向不特定合格投资者公开发行股票说明书》①，中设咨询成立于2004年4月，主营业务为工程勘察设计、工程检测及其他相关工程咨询服务，包括为市政、建筑、交通等行业提供勘察设计及工程检测服务，接受业主委托对工程项目进行项目管理，提供管理咨询服务。2015年在全国股权系统挂牌，2021年在精选层挂牌并平移为首

---

① 北京证券交易所官网，上市企业公告，http://www.bse.cn/disclosure/announcement.html，2022年2月5日浏览。

批北交所上市企业。

二、商业模式

（一）三个维度

关于商业模式，主要评估三个维度：创新性、可持续性、闭环。

首先，创新性。企业的商业模式是否具有创新性是自我评估的重要内容。没有创新、照搬他人的商业模式，在上市评估时会陷入劣势。

其次，可持续性。企业的商业模式是否支持企业的持续发展、是否会在短期内丧失生命力，是评估企业竞争力的重要因素。

最后，闭环。闭环的商业模式、完整的生态是促进企业可持续发展的有利条件。

（二）经典案例：某生活信息类 App 上市失败

商业模式对企业上市的影响从某生活信息类 App 上市失败的案例中可见一斑。

1. 证监会对于该生活信息类 App 上市申请的问询

证监会提出了两个与商业模式有关的问题：①互联网信息服

务收入占比过大；②直接或间接股权关系客户贡献收入占比
较大。

2. 关于证监会问询的分析和商业模式的关系

（1）互联网信息收入占比过大，跟收入结构有关。所谓的互
联网信息收入占比过大，表明该企业的营收来源基本上都是广告
类互联网金融信息服务。如果一个平台的收入几乎都来源于广
告，表明其盈利模式可持续性较差。作为互联网平台，收入的主
要来源应是用户。但是该生活信息类 App 如果开放对用户的收
费，可能面临用户流失的后果。从底层逻辑来看，这是该生活信
息类 App 的商业模式存在问题的表征。对照爱奇艺、优酷这种
成熟的网络视频平台，它们的营收模式非常健全和多元，包括会
员收入、广告收入、影音购买收入等。可见，平台提供的服务有
价值时，才会产生用户黏性，才能构建健康的商业模式。

（2）直接或间接股权关系客户贡献收入占比较大，也和收入
结构相关。直接或间接股权关系客户贡献收入占比较大，是指该
生活信息类 App 的主要收入还来源于与它有关的股东。2014 年、
2015 年、2016 年和 2017 年 1—9 月，该生活信息类 App 来自前
五大客户的营收分别占比 83.64％、75.05％、72.01％ 和
45.84％。这意味着前五大客户都是关联方且收入占比过半，一
旦同股东出现股权纠纷或者股东撤资，可能对企业的收入产生重
大的冲击。这种商业模式对于上市而言是极其不利的。

该生活信息类 App 被证监会质疑的问题，主要是平台本身的

商业价值和收入的稳定性，这都是受商业模式影响产生的问题。

三、规模、财务指标

（一）各板块对上市规模和财务指标的要求

北交所、创业板、科创板、主板对上市规模和财务指标的要求，如表3-2所示。

表3-2 各板块对上市规模和财务指标的要求

板块	上市标准
北交所上市财务指标（4选1）	（一）预计市值不低于2亿元，最近两年净利润不低于1500万元且加权平均净资产收益率平均不低于8%，或者最近一年净利润不低于2500万元且加权平均净资产收益率不低于8%； （二）预计市值不低于4亿元，最近两年营业收入不低于1亿元，且最近一年营业收入增长率不低于30%，最近一年经营活动产生的现金流量净额为正； （三）市值不低于8亿元，最近1年营业收入不低于2亿元，最近2年研发投入合计占最近2年营业收入合计比例不低于8%； （四）市值不低于15亿元，最近2年研发投入累计不低于5000万元
创业板上市财务指标（3选1）	（一）最近两年净利润为正，且累计净利润不低于人民币5000万元； （二）预计市值不低于人民币10亿元，最近一年净利润为正且营业收入不低于人民币1亿元；

板块	上 市 标 准
	（三）预计市值不低于人民币 50 亿元，且最近一年营业收入不低于人民币 3 亿元。 注：自正式文件发布起（2020 年 6 月 12 日）一年内，第（三）条市值与财务指标暂不实施
科创板上市财务指标（5 选 1）	（一）预计市值不低于人民币 10 亿元，最近两年净利润均为正且累计净利润不低于人民币 5 000 万元，或者预计市值不低于人民币 10 亿元，最近一年净利润为正且营业收入不低于人民币 1 亿元； （二）预计市值不低于人民币 15 亿元，最近一年营业收入不低于人民币 2 亿元，且最近三年累计研发投入占最近三年累计营业收入的比例不低于 15%； （三）预计市值不低于人民币 20 亿元，最近一年营业收入不低于人民币 3 亿元，且最近三年经营活动产生的现金流量净额累计不低于人民币 1 亿元； （四）预计市值不低于人民币 30 亿元，且最近一年营业收入不低于人民币 3 亿元； （五）预计市值不低于人民币 40 亿元，主要业务或产品需经国家有关部门批准，市场空间大，目前已取得阶段性成果。医药行业企业需至少有一项核心产品获准开展二期临床试验，其他符合科创板定位的企业需具备明显的技术优势并满足相应条件
主板上市财务指标（同时满足）	（一）最近 3 个会计年度净利润均为正数，且累计超过人民币 3 000 万元，净利润以扣除非经常性损益前后较低者为计算依据； （二）最近 3 个会计年度经营活动产生的现金流量净额累计超过人民币 5 000 万元；或者最近 3 个会计年度营业收入累计超过人民币 3 亿元

其中较为特殊的是科创板的最后一个标准，"预计市值不低于人民币 40 亿元，主要业务或产品需经国家有关部门批准，市场空间大，目前已取得阶段性成果"，医药企业需有核心产品获得开展二期临床试验的资格。这一规定出台的背景是为了鼓励一些尚未盈利或盈利不足但又具备科研优势的企业，以满足这类企业发展过程中对研发投入的需求，创造出有价值的产品和技术成果。

（二）持续经营能力的重要性

需要强调的是，证监会和交易所都很关注企业的持续经营能力。企业上市并非达成要求就万事大吉，还要考察企业过去几年的盈利情况及未来上市后的走向趋势。企业的持续经营能力会在很大程度上影响企业在 IPO 时的审核结果。

"指引第 1 号"针对"直接面向市场独立持续经营的能力"的具体要求是：

（1）发行人业务、资产、人员、财务、机构独立，与控股股东、实际控制人及其控制的其他企业间不存在对发行人构成重大不利影响的同业竞争，不存在严重影响发行人独立性或者显失公平的关联交易。

（2）发行人或其控股股东、实际控制人、对发行人主营业务收入或净利润占比超过 10% 的重要子企业在申报受理后至上市前不存在被列入失信被执行人名单且尚未消除的情形。

（3）不存在其他对发行人持续经营能力构成重大不利影响的情形。

所以除了要满足静态的盈利和财务要求之外，也要动态地满足持续经营能力的要求。

（三）增长性

企业要保持稳定的增长，业绩不能轻易且持续地下滑。即使业绩下滑也要有合理的理由，才能表明企业具有上市的能力和良好的发展前景。国内的很多互联网企业能够在美股成功上市就是因为市场业绩表现非常优异，给投资人呈现了增长的前景。

如何保持增长是一个专门的课题，后文会详细讲述。

四、股权结构

常见的股权结构应该包括创始人的股权，包括合伙人、投资人、员工和资源股东的股权。

合伙人和员工存在区别。一般来说，合伙人指的是企业的联合创始人一类的高管，员工指的是非高管的其他人群，这些人都可能持有企业股份。资源股东，就是给企业带来资源的股东。

股权结构是否符合要求，要看以下几个逻辑。

（一）创始人的控制权

第一个逻辑就是企业的股权结构是否能保障创始人的控制权，如果不能保证创始人的控制权则企业容易陷入僵局。

（二）股东成分

要审查企业的股东成分。有些股东成分是必要的，如上文提到的创始人、投资人等。所以企业上市之前通常会进行股权调整，引进一些战略投资人。如果企业股权结构中缺少必要的股东成分，就要先进行调整再考虑上市。

另外，《公司法》明确规定股份有限企业的发起人必须是2～200 人。因此，部分企业必须增加新的股东成分，如合伙人、员工或者是投资人，提前做好工作。

（三）股东（潜在）纠纷

另外，要看股东之间是否存在冲突或者纠纷。如果存在纠纷，必须要先解决纠纷才能考虑上市，否则可能对企业上市造成重大障碍。后面将会有个专门的章节讲解这个问题，某服装品牌因为存在家族内部的股权纠纷，上市过程中屡次遭到举报和起诉，影响了企业的上市进程。

以上是从股权结构角度出发应该考虑的因素。一般来说，股权纠纷越早解决越好。企业估值提升，甚至具备了上市条件的时候，纠纷解决的成本也会增加。

五、团队

打仗需要精兵强将，好的团队是企业上市的重要力量。上市是一个大工程，需要团队积极配合、统筹协调，才能够一起顺利地敲钟。

团队问题主要从两个维度来考虑。

（一）内部团队

首先从内部来看，要建立以董事会秘书为内部总协调人的内部团队。上市工作繁重，创始人和董事实时跟进并不现实，因此上市的核心环节是董事会秘书的协调。内部团队的组织要做到三点：①打造职业经理人团队，避免家族企业的烙印，为上市服务；②打造出色的财务团队，财务整理材料要能够快速配合上市的繁杂工作；③各部门积极进行配合和协调。

另外要强调，团队要减少家族企业的烙印，从之后提到的某服装品牌上市案例可以看出，如果企业的主要负责人都是家庭内部人员，可能会对上市造成很大的障碍。

（二）外部团队

从外部来看，一般要以财务顾问或保荐代表人作为外部的总协调人。财务顾问是统筹规划的角色，可以由券商、律师、会计师、咨询企业担任；或是以保荐代表人作为外部协调人，因为保荐代表人会对企业进行全面了解。

外部团队中最核心的三个角色是证券企业、律师、会计师。这三者要紧密结合，才能满足上市的要求。

六、企业治理、合规等软性指标

（一）相关软性指标

1."三会一层"架构

从企业治理来看，首先要建立"三会一层"架构。所谓的三会就是股东大会、董事会、监事会，董事会下设各种委员会；一层指经营管理层。上市前要看企业是否建立起规范的股东会、董事会、监事会和经营管理层的整体架构。除此之外，董事会要设置独立董事和董事会秘书，同时对其资格进行审核。要建立健全有效的内控制度。

2. 法律合规与财税合规

其次要看法律合规和财税合规。如注册资本已足额缴纳；发起人或者股东用作出资的资产的财产权转移手续已办理完毕，发行人的主要资产不存在重大权属纠纷；发行人的生产经营符合法律、行政法规和企业章程的规定，符合国家产业政策；近3年内没有重大违法行为。具体内容在后面章节展开。

3. 企业文化与舆论导向

最后要看企业文化和舆论导向方面是否存在问题。从企业文化角度讲，应该看企业有没有正向的、积极向上的企业文化，企业文化会潜移默化地对企业上市产生影响；从舆论导向方面，企业是否存在负面的污点也是重要的评估内容。

（二）理想的企业治理结构

理想的企业治理结构，应该是上有股东大会，下设董事会、监事会，董事会再下设审计委员会、提名委员会、薪酬委员会、战略委员会、可持续发展委员会等及经营管理机构，如图 3-2 所示。从而实现专业化的分工，经营管理机构向董事会负责，这是一个完善的企业治理结构的表现。

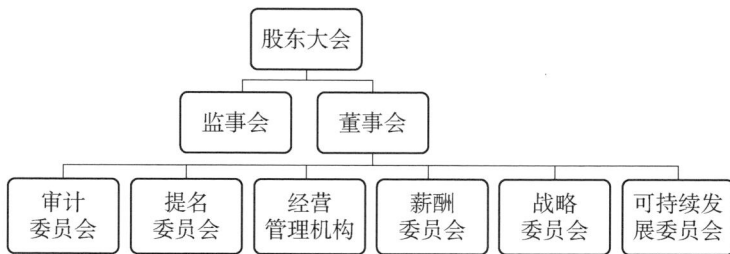

图 3-2 理想的企业治理结构

如果是家族企业，应该对其进行改造，打造出完善的企业治理结构，使其符合上市的企业治理要求。

本节总结

简单回顾一下本节的内容，上市的评估主要从以下几个维度来考虑。

第一，从行业来看，是否属于淘汰、落后的产业，是否是国家鼓励和支持的行业，是否符合各个板块对于上市的行业属性要求，是否属于禁止或限制上市的行业。

第二，从商业模式来看，商业模式是否具有创新性、可持续性。

第三，从规模和财务指标来看，是否符合各个板块对于上市企业财务指标的要求，市值、利润、收入是否符合要求，是否具有持续盈利能力，是否具有增长性。

第四，从股权结构来看，股权结构是否完善，是否具有必要的股东成分，是否存在潜在的股权纠纷。

第五，从团队来看，既需要以董事会秘书为核心的内部团队，也需要以财务顾问或保荐人代表为主导的外部团队，同时要减少家族企业烙印，为上市做好充足准备。

第六，从企业治理、合规等软性指标来看，是否建立了完善的企业治理结构，在法律、财税合规方面是否存在重大瑕疵。

经过上述几个方面的评估之后，企业基本上就知道自己是否符合上市要求了。

作 者 观 点

如果有些方面不符合上市的要求，能不能上市？

　　一些企业有上市的想法，但是做过一番自评后，发现自己在有些方面不符合上市的要求，对自己能不能上市忐忑不安，进而可能放弃上市。我在从事股权与资本市场业务过程中，确实发现有些企业因为一些硬伤而无法上市，但更多的企业却是因为一些小的瑕疵而对上市犹豫不决，最终错过上市的大好机会。针对企业的瑕疵，我们需要具体情节具体分析，如果是重大瑕疵且无法整改或整改成本太高，那就放弃上市或更换一个企业治理符合要求的企业从头再来，但如果只是小瑕疵或可以整改，就勇敢往上市的路上迈进。北交所对中小企业的容忍度高于其他板块，只要不是原则性过错，建议先不着急否定自己，边走边看。

　　如最常见的税收问题，中小企业在发展初期为了生存，采用各种手段节税和避税，在进行上市自评时，可以针对避税的金额进行预估，然后及时补税并取得税务部门的谅解函，就不会构成上市的实质障碍。

第三节
到哪里上市

经过上述的综合评估，如果发现已经达到了上市要求，就要面临"到哪里上市"的问题。

一、各板块上市条件对比

（一）关于上市地与审核机制的对比

国内目前上交所有主板和科创板，深交所有主板和创业板，还有北交所。主板目前仍然实行核准制，创业板和科创板实行的是注册制。注册制并不意味着不存在审核，而是审核机构由证监会发审委变成了交易所的上市委，交易所审核完毕之后证监会进行注册，减少证监会审核的时间，提高效率。不同上市板块的对比如表 3 - 3 所示。

（二）关于各个板块的财务指标要求的对比

本书第三章第二节已经把主板、科创板、创业板、北交所各自的财务指标要求进行了对比，在此不再重复。企业可以根据自己的财务指标来判断自己符合哪个板块的财务标准。

表 3-3　不同上市板块的对比

上市板块	上市地	审核方式	审核机构	上会	核准/注册
上交所主板	上海	核准制	中国证监会发行监管部	证监会发审委	证监会核准
深交所主板	深圳				
上交所科创板	上海	注册制	上交所科创板上市审核中心	科创板上市委	证监会注册
深交所创业板	深圳		深交所	创业板上市委	
北交所	北京		北交所	北交所上市委	

二、上市的板块选择

由于业绩要求在上市条件中占据首要地位，结合目前的上市条件，企业可以以利润规模为基础进行自我评估，做出上市的板块选择。

（一）利润低于 3 000 万元

如果利润低于 3 000 万元，首先要看企业是否能够或者愿意承担规范运作带来的经营成本增加。无论是上市还是挂牌，规范运作都会产生一定的经营成本。能够且愿意承担这个成本则可以尝试新三板挂牌，尽管利润低于3000万元，但是新三板挂牌的条件还是较为容易达到的，之后可以摘牌再去其他交易所上市。如果暂时不愿意负担这个规范运作产生的经营成本，可以专注于发展业务，等到时机成熟再上市。这是企业自身的意愿问题。

（二）利润在3000万～6000万元

如果利润达到了3000万～6000万元，这就要看企业是否具有科创属性且成长性较好。科创属性要看企业是否具有明显的技术优势，成长性要看每年的营收利润。如果这两点都满足，则企业可以考虑到科创板上市。如果不具有科创属性但利润较高，可以考虑在新三板挂牌，满足要求之后在北交所上市。

（三）利润在6000万元以上

如果利润在6000万元以上，重点看企业是否具有科创属性。如果企业具有科创属性，可以去科创板上市。如果企业不具备科创属性、没有明显的技术优势，在业绩稳定在8000万元以上的情况下，可以考虑在主板上市。如果不符合主板条件，也可以选择创业板。如果企业的业绩不能达到8000万元或是欠缺稳定性，则要评估自身是否符合"三创四新且不在负面清单"这一创业板上市要求，符合要求的可以选择创业板上市，不符合要求的可以考虑在北交所上市。

作者观点

如果在各个板块上市的条件都有可能达到，选择去哪里上市？

关于到哪里上市，可以分为四个维度：

第一，哪里符合条件，就去哪里。

如果上市的通用条件都不满足，那么选择任何一个板块上市都可能出现问题。如果已经满足了通用条件，还要看是否满足各个板块的特定要件，结合自身的优势做出选择。

第二，哪里相对容易，就去哪里。

目前来看科创板和主板的上市要求比较高、审核也比较严格。创业板和北交所要求相对较低，尤其是北交所，因为其设立的目的就是鼓励中小企业的发展，对于处于起步阶段的企业持欢迎和鼓励的态度。

第三，哪里速度快，就去哪里。

在实行注册制度之前，很多企业选择境外上市，因为国内的上市进程比较慢，可能出现"排队"情况。现在实行注册制之后，总体效率提升。相对来讲，科创板、创业板和北交所的上市速度较快。

第四，哪里成本低，就去哪里。

成本主要指募资成本，相对来说北交所的募资成本较低。因为北交所前期有个培育的过程，前期在新三板挂牌，然后再上市，价格有优势。且因为目前北交所上市募集成本较低，募集资金较少，所以各个中介机构愿意接受较低的服务费用。

我建议，稳妥起见，可以考虑先在北交所上市，因为在北交所上市有独特的优势。如果企业发现在北交所上市的融资额不够，也可以考虑在北交所上市后申请转移到上海交易所或深圳交易所上市。

所以，关于去哪里上市，你有答案了吗？

第四节
上市时机和路线规划

一、上市的时机选择

从很多拟上市企业最终上市失败可以得出一些教训和启发。如何选择上市的时机？一般建议从内部情况和外部形势两个维度来考虑。

（一）内部情况

从企业内部来看，需要做好四方的评估：

首先，要有自己的上市规划和大政方针，不能盲人摸象。

其次，不仅要评估企业自身的发展情况，还要评估所属行业的发展情况，二者都属于上升期能够形成合力。

再次，企业要有良好的经营业绩和清晰的财务状况，否则审查过程中很可能遭到质疑以致延误时机。

最后，企业的主营业务所处市场还要有相应的发展空间，能在未来保持持续增长。

（二）外部形势

从外部形势来看，有三点需要考虑。

首先，要观察市场氛围，是处于"牛市"还是"熊市"，企业应当选择市场气氛较好的时候上市，即所谓"骑牛上市"。

其次，还可以从竞争者的股价来判断市场情况。目前市场上业务相近、概念相同的上市企业股价水平如何，是否超过本企业拟定的发行市盈率，是很好的参照物。我们经常会听到"×××第一股"，第一股就是标杆。

最后，要看市场估值水平。股票发行价越高，意味着募资金额越高。市场估值水平较高，且呈上升趋势，是企业上市的恰当时机。

作者观点

完全做大后再上市，还是边发展边上市？

很多传统企业的企业主做事很谨慎，在对待上市的问题上也是如此。尽管心里有上市的想法，但是往往抱着先看别人上市，等自己完全做大再上市的想法。这种想法并不可取，原因在于，一方面，时不我待，早点上市就能早点享受资本市场的红利，借资本市场的力量加速发展，资本是杠杆，而等完全做大后再上市的话，需要的时间更长，仅依靠自己的力量发展更加不容易；另外一方面，竞争对手如果抢先上市，就会利用资金、资源等力量抢占市场、研发更先进的技术，使得双方的差距更大，企业可能再没有进一步做大的机会了。

边发展边上市主要指的是在北交所上市，这么做的好处在于，通过先在新三板挂牌再去北交所上市，可以循序渐进，一步步规范管理和接受监管，而且挂牌开始就可以在公开市场融资，早日接触各种投资人和获得发展所需要的资金。还有，挂牌后也会获得政府的扶持和各种优惠政策，从而帮助企业更快更顺利地发展。

二、上市的路线规划

除了上市的时机选择之外，还要考虑上市方式和上市地的问题。既要考虑首发上市与重组上市的上市方式选择问题，还要考虑在全球资本市场中选择境内上市还是选择境外上市的问题。

（一）上市的方式选择——首发上市还是重组上市？

从上市策略的角度，需要做好上市方式的选择，可以分为两种：首发上市和重组上市。首发上市即所谓 IPO，企业做好准备之后申报材料，进行核审，核审完毕交由证监会注册，最后成功发行。本书主要研究首发上市，但是为了有更为广泛的视角，也要了解一下重组上市，这也是上市的选择之一。

1. 首发上市

除了企业自己直接首发上市外，还有三种首发上市的方式，包括整体上市、联合上市和分拆上市三种模式。

整体上市一般有三种模式，第一种是整体改制后首发上市，如中石油、中石化，都是改制以后首发上市；第二种是吸收合并，即一家上市企业吸收合并一家非上市企业，也就是把非上市企业的资产装入上市企业，实现整体上市，如 2004 年 TCL 集团吸收合并 TCL 通讯实现了整体上市；第三种是通过资产重组实现整体上市，如 2016 年 9 月宝钢集团与武钢集团获准重组成立中国宝武钢铁集团有限企业，宝钢股份向武钢股份全体换股股东发行 A 股，换股吸收合并武钢股份，宝钢股份为合并方暨存续方，武钢股份为被合并方暨非存续方。

第二种方式是联合上市。假如一家企业是某领域的龙头，每年利润 1 000 万元左右，如果该企业想实现联合上市，就要看能否把同行的其他关系不错的企业也纳入进来，几家企业把资产、营收和利润打包一起上市。可以把效益最好的一家企业作为上市的主体，然后把另外几家企业的现有股东通过增资（以其持有这几家企业的股权实缴出资）的形式注入，其他企业就成了拟上市企业的股东了。当然，这种方式一定要保障实际控制人的控制权，因为上市前三年实际控制人不能发生变化，所以企业之间可以通过签署一致行动协议，来确保控制权的稳定，以便达到上市的要求。

第三种方式是分拆上市，即在母企业是上市企业的情况下，子企业也申请上市。分拆上市目前在国内是被允许的，分拆上市最主要的要求是双方在业务上必须独立且没有任何竞争，如甲企业主营业务是生产办公用品，乙企业也是生产办公用品，这种情况下乙企业就不能独立上市，除非甲企业把持有乙企业的股权剥离出来。为什么很多企业愿意做分拆上市？因为分拆上市，对母企业而言有两家上市企业，可以使得整体市值更大。联想的上市就是一个典型的例子。联想当年进行战略调整，把核心业务进行拆分，把神州数码从联想集团分拆出去，在联想集团已经于香港联交所上市的基础上，神州数码于 2001 年 6 月在香港上市。这么做的好处就是可以让两家业务不一样的企业能够独立发展，还能解决企业层面的激励问题，如果不分拆上市，一些高管可能没有股权激励或激励力度有限，分开上市后可以进一步做股权激励。

2. 重组上市

重组上市跟首发上市不同，重组上市实际上是拟上市企业利用上市企业的壳，把非上市企业的资产装到上市企业中，以顺利实现间接上市。

壳企业或称壳资源，指具有上市企业资格，但经营状况很差，准备成为其他企业收购对象、注入资产的企业，即成为非上市企业买壳收购目标的上市企业。选择壳企业主要考虑壳企业的股本结构与股本规模、股票市场价格、经营业务、经营业绩、财务结构、资产质量和企业成长性等。具体来说，股权结构分散、股本规模越小、股票价格越低、经营业务单一缺乏新利润增长点、处于夕阳产业、缺乏鲜明主营业务、经营业绩处于行业中下游、财务结构一般、资产质量一般、专业化程度不高、增长率长时间徘徊不前，有以上特征的企业易成为壳企业。

在选择壳企业时，壳企业资产构成决定了收购方在买壳后进行清理的难度和成本，应尽量避免业务需要持续关注和精良管理的壳，涉及庞大生产性机器设备、存货、应收账款和产品周转期长的壳企业最难清理，该类资产套现困难。而且，拥有大量经营性资产的壳对应的资产置换耗时长，其业务和资产就存在贬值风险，且这些业务的管理需要专业技能，容易陷入经营困境。

选择壳企业之后需要进行资产剥离，剥离方式主要有向其他企业出售资产、管理层收购（Management Buy-Outs，MBO）、职工持股计划以及与其他企业共同设立股份企业等。在这之后，需要取得壳企业的控制权，在实践中主要利用现金或股票或现金和股票相结合的方式，从大股东或者二级市场的公众股东那儿收购壳企业部分或全部的股份从而取得控制权。最后进行反向重组，将资产通过并购的方式注入壳企业，或者由上市壳企业或其子企业进行并购，将资产直接注入上市壳企业。

重组上市一般分为三种类型：造壳上市、买壳上市和借壳上市。

（1）造壳上市。造壳上市首先由 A 企业的实际控制人以个人或者法人的名义在境外设立 B 企业，B 企业再通过收购或股权置换等方式取得 A 企业的资产，让 A 企业成为一个外商独资企业，然后再以 B 企业的名义上市，这就是造壳上市，也叫作红筹上市。很多企业如新浪、百度都采用了造壳上市的方式，如图 3-3 所示。

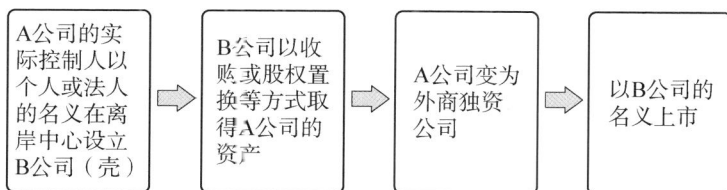

図 3-3　造壳上市的操作过程

（2）买壳上市。买壳上市一般分为两个阶段：第一个阶段是收购前要做的工作，即收购大股东的股份，之后自然成为大股东并取得企业的控制权，这个过程就是买壳。这个过程所需的时间没有确定的期限，往往是根据买卖双方的谈判进度与收购者尽职调查的深入程度和进度而定。第二阶段是收购公布后的工作，需要向其他股东提出全面收购，然后根据收购指定的时间表来进行后期的工作，如见图3-4所示。

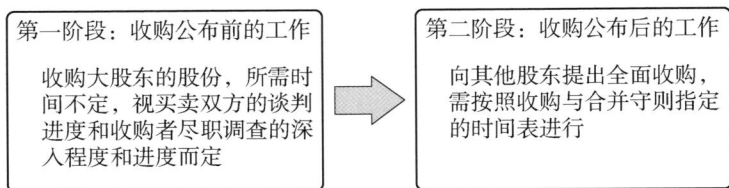

图3-4 买壳上市的操作过程

买壳上市相较造壳上市比较简单，即直接购入大股东股权，相当于成为新的大股东，自然就控制了企业。

（3）借壳上市。其实借壳很简单，指的是借一家企业的壳，把自己企业的资产装进去，然后上市。这样的好处是可以省去很多烦琐的步骤，虽然仍然需要审查，但是注册企业以及需要审查的内容基本上都比较简单。

借壳上市要做到两件事情：第一是要取得壳企业的控制权，第二是对壳企业进行资产重组，如图3-5所示。

关于如何取得壳企业的控制权，可以采用三种方式：第一，

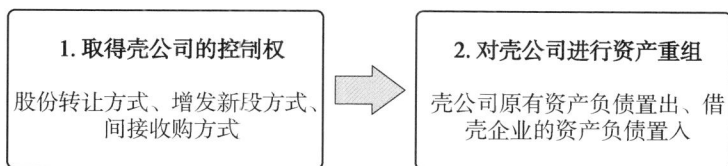

图 3-5　借壳上市的操作过程

股份转让方式，即受让大股东的股权；第二，增发新股方式；第三，间接收购方式，即通过间接收购最终控制企业。

取得了控制权之后就要对可控资产进行资产重组，包括把可控资源的资产负债置出、借壳企业的资产负债置入。

所以，企业上市前应结合具体情况进行综合考虑，选择首发上市还是重组上市。

（二）境内外上市的选择

境外上市的优势是速度快，且对合规和估值的要求相对不是太高，但是上市成本可能会高，毕竟涉及的语言环境不同、适用法律不同。那到底是境内上市好还是境外上市好？

境内上市好还是境外上市好，取决于企业为什么要上市。综合来看，两者各有各的特点。在境内推行注册制之前，境内上市一度形成堰塞湖，排队 IPO 的拟上市企业太多，导致审核流程非常慢，经常要排队 1～2 年才能上市。境外上市（指的是主流交易所，如纽约交易所、香港联交所等）的时间比境内更快，审核难度/过会率也相对高一些，对财务指标的要求更加灵活，融资的体量也会更加大一些，所以我们可以看到，国内的互联网巨头企业纷纷赴美国和我国香港上市，如百度、新浪、阿里巴巴、腾讯等。

但是，在境内资本市场实施注册制以后，情况发生了改变。首先，从时间上看，国内上市的时间大大缩短，交易所上市委员会审核的时间加上证监会注册时间，一般为三四个月（不含多次反馈的时间），跟境外上市的时间大致相同。从审核难度上讲，注册制实施后，审核难度较核准制时也相对降低（转为以事中监管为主），并通过退市制度加强上市后的监管。总体而言，注册制后，境外上市的时间和过会率方面的优势不再那么明显。关键看拟上市企业自身的需求。

什么样的企业适合境外上市？包括但不限于：需要境外资金或境外投资人，需要拓展外汇市场；需要吸引国外专业人才加盟，需要引进国际知名战略投资者；能够承担高昂的上市费用和持续合规费用的企业。

而对于国有大型企业上市而言，从上市成本和国家经济安全以及国内资本市场健康发展的角度考虑，最佳选择是 A 股＋H 股上市。

（三）能否在几个市场同时上市？

可能存在的模式有："A＋H"（A 股加港股），"A＋N"（A

股加美股），"A＋S"是在（A股和新加坡）同时上市。企业可以这样操作吗？其实是可以的。国内很多企业采取的就是这种方式，如中国农业银行、中芯国际等就是在境内和境外交易所均上市。其中的逻辑在于：企业通过增发股票来上市，增发一部分股票用于国内市场，又另外增发一些股票用于境外市场，在两个交易市场股票都可以流通，但是要遵守相应的法律法规，都要做好信息披露。

这样做的好处在于：首先，能够减少国内融资的压力，利用全球资本市场的资源；其次，可以提升中国企业在境外的口碑和形象；再次，可以利用境外资金体外循环，因为中国的外汇管理比较严格。

但是要注意：国内各个板块不能同时上市。因为国内各个交易所之间的信息是互通的，在境内各个板块同时上市意义不大。并且这在操作上会存在问题：由于每个企业对应一个股票代码，如果同时上市会产生混淆，也会产生监管上的难题。因此，国内各个板块不能同时上市。

本节总结

做好上市评估之后一定要提前做好上市的规划，包括上市所需的时间、在哪个板块上市、哪个地点上市、企业的财务指标和合规治理要发展到什么程度等。如果没有规划好就贸然启动上市，投入的时间成本和资金成本都是巨大的，最后很可能"竹篮打水一场空"。

第五节
家族企业问题——上市"拦路虎"

家族企业和公众企业之间是否存在矛盾？家族企业的特点是什么事情都内部商量，不会通过现代企业制度的方式来解决，如开股东会、开董事会；而公众企业的一切要公开披露，有大量的散户要评估这个企业是否正常运营、是否存在重大的问题、是否影响股价，进而影响自己对股权的处置。公众企业的特点是透明公开、合法合规，家族企业一切都是内部解决，不公开也不透明。

因此，如果家族企业要上市，就存在很多问题需要解决，否则，鉴于家族企业的特点和公众企业的特质是矛盾的，会成为上市的"拦路虎"。因为家族企业原因遭遇上市艰难险阻主要来自以下两个方面：

第一，内部家庭关系的变化影响了股权的稳定性，进而影响了上市进程。

上市要满足的一个条件就是三年内企业的实际控制人不能发生变化。因此，如果因为家庭关系变化而发生家庭纠纷，很可能直接阻碍企业的上市进程。

第二，家族企业的股权结构和内部团队都是家庭成员，很难按照标准的企业治理结构进行管理，这是典型的家族企业问题，对上市造成了障碍。

因为亲戚作为企业各个岗位的管理者，很难保证和满足岗位的适配性和能力要求，并且正规的决策程序、明确的奖惩机制在家族企业中很容易缺位，对企业的正常运营造成不利影响。

一、家族企业有哪些问题？

（一）权责不明、人情管理

首先，家族集团面临的是权责不明和人情管理的问题。企业内部很多都是家庭成员，因此职责划分不明确，滋生人情管理。企业内部缺少明确的奖惩机制，造成企业内部人心不稳。

（二）任人唯亲

第二个问题是任人唯亲。任用员工时看的不是能力，而是亲戚关系。企业的晋升机制不明确或是形同虚设，可能造成人岗不匹配，负责人能力不足，进而影响企业的经营能力。

（三）缺少有效的权力制衡机制

企业内部全都是家族成员可能造成内部的意见反馈渠道不畅

通，整个企业成为一言堂，缺少有效的权力制衡机制。如果只是一个家庭小作坊还可以经营，但是如果立志要成为上市企业，就要保障股东而不仅是家族成员的利益。在这种情况下，有效的权力制衡机制是必要的。

（四）缺乏规范的企业制度

家族企业的第四个问题就是缺乏规范的企业制度，如企业的员工管理制度，还有结构层面的制度，如董事会制度、监事会制度等。这种情况对于上市企业来说是绝不允许的，上市企业要按照严格的规范和制度来经营，缺乏规范就会导致企业管理混乱。

（五）融资困难

对于家族企业来说，融资的时候会遇到困难。因为投资人可能会认为家族企业内部抱团严重，会损害外来的高管和员工的利益，影响这些外来人员的情绪。

（六）缺乏企业文化

最后一个问题是，很多家族企业缺少向上的、公开的企业文化，使得企业没有长远发展的根基。一旦创始人出现了问题，整个企业就难以维系。

以上家族企业中比较常见的问题，如果不能有效解决，对企业上市一定会构成障碍，甚至导致上市失败。国内不少企业都是家族企业，创业初期很多人会选择借用亲戚的力量来发展，但是时刻要谨记，如果将来要想做公众企业，就要克服家族企业的弊病，上市企业必须要为所有的股东负责。

二、解决家族企业问题的药方

如何才能摆脱家族式管理？解决家族企业问题的核心点就是摆脱家族式管理，建立现代企业制度，如图3-6所示。

```
家庭式企业 ⇒ 企业家族化 ⇒ 家族化企业 ⇒ 公众公司
```

图3-6　家族企业向公众企业的转变

家族企业的发展通常有一个过程：首先是建立一个家庭式的企业，之后进入企业家族化阶段，这个时期通常把企业当成家族管理，这也根植于很多家族企业的基因之中。第三个阶段是成为家族化企业，设立董事会、监事会、经理层，但这是表面工作，实质上的管理工作还是由家族成员来承担。如果企业要上市，就要彻底改变，成为一个公众企业。

要从家族化企业变成公众企业，核心有两点：股权和管理。

从股权上，要从一个家族化企业变成公众企业，必须要稀释自己的股权，让公众或者是机构投资人来投资，让企业的股权结构里不只有家庭成员，还应该有外部人员，这才是商业企业，才会有投资人愿意投资。

从管理上，企业的管理者可以有部分是亲戚，但是一定要有部分管理者是通过公开的社会化招聘的，保障企业的经营。

企业要想上市，一定要在形式上和实质上符合公众企业的要求，改变家族企业的基因。

（一）改变企业的股权结构

解决家族企业问题的核心之一就是股权结构。股权结构上，可以由家族成员控股，但是不能清一色都是家庭成员，要有外部的股东形成一定的制衡。这样，企业决策才能体现多方的利益。因此，家族企业在上市过程中要引入新投资人稀释股权，使企业变成大家共同的企业。

（二）建立健全、规范的企业治理结构

企业成立之后，要有董事会、监事会，也需要有经营管理层，有总经理、副总经理等。而且这套机制应该是要落地实施的，而不仅是挂名。

（三）塑造企业文化、形成企业价值观

要塑造企业文化，形成企业本身的价值观。之前提到家族

企业往往没有企业文化，因此缺少经营上的可持续性。想要建立现代企业制度就需要塑造企业文化，并且在实践中具体实施。

（四）建立公平公开的用人选拔机制

家族企业经常出现任人唯亲的问题，因此需要建立公开公正的用人选拔机制，凭二作能力来选拔、任职、晋升，让员工心服口服，增强企业的内部凝聚力。

（五）建立健全的工作流程和财务制度

除了选拔机制之外，财务制度和工作流程也非常重要。从财务制度角度，所有的收入支出完全按照企业的特点，由企业来入账、由企业来支出，同时报销的必须是真实用于企业的支出。这样才是一个健全的财务制度，才能符合现代化的治理结构的要求，符合上市的要求。

上市是要让普通的投资人购买企业的股票，需要企业接受投资人的监督。所以对于上市企业来说，一定要摆脱家族企业的烙印，成为一个真正的公众企业，这样能解决企业运营过程中的一些矛盾。

作 者 观 点

如何通过上市让家族企业脱胎换骨？如何避免因夫妻关系破裂影响上市？

大家知道，中小企业中有很多家族企业，家族成员在帮助企业发展过程中功不可没，是家族企业发展不可缺少的力量。但正如前面分析的那样，这些家族成员的能力、格局等也会严重制约企业的发展。我不止一次听到家族企业的非家族成员抱怨说，在家族企业工作没有前途，因为很多领导都是因为裙带关系上位的，而不是靠真本事。如何通过上市，让家族企业脱胎换骨呢？

第一，股权与经营权分离，引进职业经理人。家族成员在企业发展早期可能既出钱又出力，但是等企业上了正轨后能力有可能跟不上，此时可以把其出钱、出力等贡献换成股权，让其能够继续享受企业发展的红利，而把经营权让渡给创始人并引进职业经理人进行管理，让企业的经营步入正轨，符合现代企业管理的要求。

第二，建立经营管理制度。要想用好人，就要有好制度，通过制度管人。上市的独立性、持续经营能力、合规等各方面要求使得拟上市的家族企业必须制定符合上市要求的制度并严格执行，在准备上市的过程中慢慢去除家族企业的烙印。

在家族企业中，最为典型的是夫妻共同创业，共同持有企业的股权。但在上市过程中，不乏夫妻感情破裂而离婚的情况。如何避免因夫妻关系破裂影响上市？以下有几个建议：

第一，夫妻双方签署财产分割协议，就股权的分割作出明确约定，以免夫妻离婚时，一方的股权作为夫妻共同财产被对方分割进而丧失控制权，导致最近三年控制权发生变化而影响上市。

第二，做好分工。上市前，夫妻双方如果都参与企业的经营管理，需要双方做好分工，分清工作职责，这样即使双方离婚，在工作上也不至于相互混淆，影响企业的正常运营。

本章总结

本章围绕"上市前的自我审查和评估"从五个维度进行分析。

第一节首先剖析了很多企业的企业主或财务总监对上市存在的担忧和犹豫，如成本太高、成功率低、不合规的内部事宜曝光、整改成本太高等，这些问题都可以得到解决。从成本角度来讲，有分期付款和补贴的政策，且上市的整改成本可控，后续的收益也会比较可观。从上市的成功率来看，在注册制改革的大背景下，可以根据之前其他企业上市的经验、上市流程来自我评估和判断。合规相关事宜也可以先行整改解决，如通过政府作豁免函的方式来免除因为合规导致的问题。并且最高人民检察院也发布了"合规不起诉"的制度，如果企业建立合规制度、设立合规人员、履行合规义务，真正发生风险时可以合规不起诉。

第二节从行业、商业模式、规模和财务指标、团队、股权结构及企业治理合规的软性指标等六个方面来判断评估企业是不是适合上市、能不能达到上市的要求。

第三节是去哪里上市，对资本市场进行了全景解读和分析，包括境外交易所、境内交易所的主板、科创板、创业板及北交所等，对各个板块的上市要求进行了列举和分析对比，来判断企业应该去哪里上市。最后以净利润为基础分析了上市路线的选择问题。

第四节为评估上市时机的选择和上市路线的规划。把握上市的时机非常重要，有条件的企业也可以考虑境内境外同时上市。

第五节探讨了家族企业的问题，从家族企业自身管理等问题影响上市的角度，警示企业上市之前一定要解决家族企业的问题。

第 四 章

如何筹划上市？
——修炼内功

　　如何上市分为五个部分：第一，就不同阶段的企业上市的准备来分析如何筹划上市，结论是越早越好。第二，就上市的业绩准备来分析如何达到上市的业绩，这是上市的基石。第三，如何做好股权的准备，在上市之前要做好股权战略准备和股权的架构设计。第四，关于上市的合规准备，避免因为合规问题导致上市失败。第五，关于上市的组织准备。

　　上市不要担心企业小、所处行业小，只要够努力、能坚持，小企业也会有上市的机会。尤其是现在北交所横空出世，大企业、小企业都会有上市的机会，因此不要轻易否定自己。企业上市过程中，可以借助资本、中介机构等外部力量，适时引进外部投资者，实施股权激励，完善法人治理，将新三板、北交所监管的外部压力转化为企业不断发展进步的动力，从而更稳更好地修炼内功。

上市要做好哪些准备？从宏观层面看，可以分为两个方面：主观心理准备和客观物质准备。

1. 主观心理准备

对于主观心理准备，主要有以下四点。

（1）首先要有上市的决心和信心。上市过程中可能遇到很多挫折和困难，不能一蹴而就。但是也要有信心，因为目前资本市场是国家的重点发展方向，如果能事先做好充足的准备和评估，最后一定可以实现上市。

（2）要对企业的成长和发展有长远的目标和较为清晰的轮廓。其实不管是否上市，企业的发展过程中一定要有目标，一定要对各个步骤的规划有清晰的轮廓，对上市过程有一定的预期。

（3）要有风险承受能力。上市的过程可能比较艰难和曲折，一定要有相应的风险承受能力。所谓的风险不仅是业务风险，还可能是舆论风险。面对这些风险，应尽量提前准备预案，加以解决，以最大限度地控制损失，回到上市的正轨。

（4）具备上市的基本知识。上市的基本知识也是应该具备的，如上市的流程、上市的要求、上市的审核要点。

2. 客观物质准备

对于客观物质准备，主要有以下几个方面。

（1）业绩准备。业绩是上市的基石，各个板块都有相应的业绩要求，比如利润要㝵和收入要求，这是上市的基础条件。

（2）股权战略准备。上市要做好股权的规划和融资，包括需要提前引进合伙人，进行股权激励，通过股权导入的方式把供应链企业拉进来等。

（3）合规准备。合规是红线，如果企业在近三年发生了重大的违法违规行为，有可能无法上市，因此不能临近上市才发现企业的各种问题，短时间又很难解决，因此要提前做好准备工作。

（4）组织准备。需要建立完善的企业治理结构，要有股东会、董事会、监事会以及经营管理层，同时需要设立专门小组，由董事长、董事会秘书、财务总监等组成。内部需要建立这样一个团队来充分了解上市的进程，为上市提供资料。如果内部没有强有力的机构很可能影响上市的整个进程。上市还必须要引进券商、律师、会计师、资产评估师以及其他中介服务机构，进行细分领域的调研和分析。通过内部机构和外部机构的配合，做好上市的组织准备工作。

第一节
从现在开始筹划上市——不同阶段企业上市的准备

一、越早准备越好

上市不是一蹴而就的，需要经历一个过程。企业在上市之前至少经历三个阶段：初创期、成长期、成熟期。成熟期企业就可以准备上市了。但是否要等到成熟期再开始准备上市？不是，答案是越早越好。原因在于：

第一，股权结构需要提前搭建。

第二，提前准备上市可以给合伙人及员工以目标和信心，为了一个共同的长远目标来运作。

第三，可以提前进行上市体检和规范，一旦有了上市的目标和规划，就要早早做好合规工作，而不能等到临近上市才开始规范。

第四，上市实际上是超越竞争对手的一个有力方法和手段。越早上市，超越竞争对手的手段就越多。

第五，资本市场是一个多变的环境，政策也会时常变化。如果不能在政策利好的时候抓紧时间上市，一拖再拖就会延误好时机。有句俗语说"机会往往留给有准备的人"，如果能提前准备上市，那么情况发生变化的时候能够及时跟进、迅速适应，否则可能跟不上政策变化的节奏。

结合以上五点，很容易得出一个结论：越早上市越好。最好就是从现在开始准备。

二、不同阶段企业的准备

之前已经提到，股权结构从完整性上来说包括五类股东，如图 4-1 所示。首先要有创始人，当企业创立之后就要引进合伙人，因为很多企业并不能由一个创始人支撑经营，创始人要引进合伙人一起奋斗。下一步是招聘员工，除了给到合伙人股权之外，有时候也会给到员工股权，以激发员工的积极性。之后，企业要想发展，往往需要吸引合伙人前来投资，使得有更多资金来

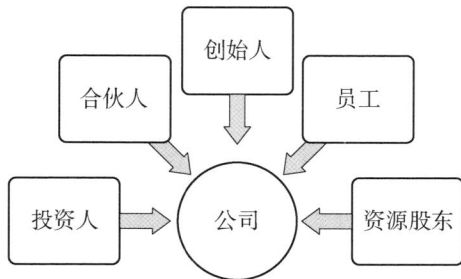

图 4-1 股权结构图

支持企业的运营。最后，除了找投资人之外还可能要找资源股东，企业需要把自己的渠道、供应商、大客户纳入企业并给予股权，让他们成为企业的股东。如果一家企业能够玩转以创始人为核心代表的这五类股东的股权架构，那么股权方面就可以称得上是准备齐全。

我们看看在不同阶段的企业，如何做好股权结构的准备。

（一）初创期

企业的初创期需要做好的是股权整体结构设计和合伙人股权分配。企业在刚建立的时候需要做一个整体的架构，方便之后步步推进，所以需要做好整体的结构设计。当企业做好整体结构设计之后，面临的尴尬问题可能是没有员工、没有投资人，只有合伙人，所以就要做好合伙人的股权分配，这是企业在上市之前一开始就要做好的工作。

1. 股权结构设计

（1）为什么要进行股权的分配？

第一，合伙创业需要给予合伙人股权，否则很难做到一条心。

第二，要吸引人才、吸收骨干成员。

第三，要融资，因为初创企业很难做到债权融资，所以股权融资是很重要的手段。

第四，要资源合作，很多资源方看重的并不是项目的奖金、提成，而是企业的股权和企业的长远发展，因此若要绑定这些资源方也需要给股权。

（2）如何合理分配股权？

第一，保持创始人的控制权。如果做股权分配最后创始人丧失了控制权实在是得不偿失。

第二，合伙人适当分配股权。给多了自己就少了，给少了对方可能就没有动力了，因此要设计适当的退出机制。

第三，要正确实施股权激励。如果没有正确实施股权激励，可能做完股权激励的效果还不如不做。比如有的企业股权激励给到员工的部分太多，导致企业主的股权被大量稀释，或者给股权的时候没有科学的分配，使得部分员工不满。这都是没有正确实施股权激励带来的后果。

第四，建立资源股东和资本股东的估值和进入、退出机制。这是资源股东和资本股东分配股权的逻辑，首先要对他们的股权进行估值。同时要有进入机制，进入机制是对资源股东和资本股东选择的标准。还要有退出机制，明确什么情况下可以退出、以什么价格退出。这是如何分配股权的四点逻辑。

（3）股权分配案例。

某企业开始设立时，由三位股东合资成立，创办人 A 占40％，创办人 B 占 30％，创办人 C 占 30％。创业初期，股东一致认为，将共同努力的员工视为重要资产，故开放员工认股，持股比例调为创办人 A 占 30％，创办人 B 占 25％，创办人 C 占

15％，员工认股占 3C％。经过 20 年的努力，企业逐渐提升了技术能力水平，为转型科技领域引进高阶技术，并开放外部专业人员持股，持股比例调为创办人 A 占 25％，创办人 B 占 20％，创办人 C 占 15％，员工认股占 30％，技术持股占 10％。这个股权结构合理吗？不合理的话如何调整？一开始怎么设计更好？

上述案例中的企业一开始是 433 结构，433 结构会造成一个问题就是谁都不控股，至少要两个人达成一致才可以决策。因此，三个人如果出现了矛盾，就很难达成一致。后来企业变成 30％、25％、15％的结构，还是存在之前的问题——没有人控股，有矛盾很难达成一致。后来进一步稀释到更加分散的 25％、20％、15％、30％、10％，这也往往是很多企业上市之前的状态，这个架构存在无人控股的问题。上市时企业仍然没有一个大股东或者实际控制人会有负面影响，因为上市条件中的一条就是企业的实际控制人三年内不能发生变更。

如何改善这个问题？解决方案是创始人 A、B、C 签署一致行动协议，同时让员工持股平台的 GP（General Partners），也就是普通合伙人（也叫执行事务合伙人）由 A 来担任，这样 A 就可以确定对企业的实际控制权。

该企业的股权结构无论是设立时还是后来数次变化，均存在问题。最开始的 433 结构存在明显问题，引进员工持股之后股权被稀释。引进员工持股本身没问题，但是操作过后的员工持股比例过高。这种情况的解决方法也可以是 A、B、C 最开始就签订一致行动协议，并且由 A 担任员工持股平台的 GP，确定企业的控制权。

所以说股权结构设计的第一点就是一定要保障创始人的控制权。在进行股权架构设计的时候，一定要保证实际控制人三年内不能发生变化。

（4）股权架构的三种类型。

股权架构有三种类型，如图 4-2 所示。

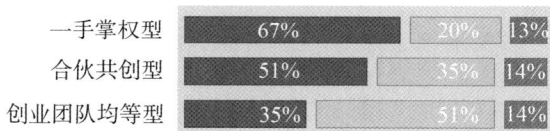

图 4-2　股权结构设计三种类型

第一种是一手掌权型，指企业的某个股东持股超过三分之二，基本上企业事务都能自己决定，无论其他股东是否同意都不影响决议的通过。

第二种是合伙共创型，这种是最常见的，在保障创始人股权 50％ 以上的情况下，把其他股权给到其他合伙人和投资人及员工。

第三种是创业团队均等型，创始人持股 35％ 左右，51％ 给到团队的其他人，然后剩余的 14％ 左右给到其他人，这个架构里面创始人的持股比较低，那么就要看员工持股平台的 GP 是谁，如果 GP 是创始人，那么创始人的控制权仍然可以达到 86％，否则其实就是员工持股平台的 GP 拥有了实际控制权，这就会导致在认定实际控制人的时候产生麻烦。

作为创业企业，建议采用第一种或者第二种。更进一步说，企业刚设立时可以考虑采用第一种，因为经过后面多轮融资，股权可能会不断稀释。

2. 合伙人制度搭建

合伙人制度的搭建可以从三个角度来讨论：搭建员工持股平台，事业合伙人，动态股权分配机制。

（1）搭建员工持股平台。员工持股平台的搭建最常见的是设立一个有限合伙企业，让创始人担任GP，其他人做LP（Limited Partner，有限合伙人）。对于创始人来说，通过这种方式可以拿到有限合伙企业的控股权，其他员工只承担有限责任。除此之外，还有两种方式。一种是设立有限责任企业，但是设立有限责任企业可能存在麻烦，要持股50％以上才能控股企业，才能形成决策，但是员工持股平台中一般不会有人持股比例特别高。还有一种是信托计划/资管计划，可以突破人数的限制。

（2）事业合伙人。事业合伙人指的是"事业＋合伙＋人"，是一个开放的计划，不会限制人数。同时这也是个持续的计划，事业合伙人制度以企业为纽带，每个合伙人可以参与分成，也要共担风险。所以事业合伙人与一般合伙人的区别在于最后要与企业一起共担风险，工作就会更加谨慎。

（3）动态股权分配机制。动态股权能够解决静态股权的一些核心问题，包括静态股权一直保持不变导致的公平问题，以及静态股权缺少调整和退出机制、合伙人的未来价值和作用没有办法预估的弊端。动态股权分配机制能更好地处理股东获得的股权与创造的价值的匹配问题，鼓励大家为企业多作贡献，如图 4－3 所示。

静态股权分配机制	动态股权分配机制
1.股权结构一成不变，股东贡献与股权比例不匹配 2.公司设立时完全以出资额作为股份大小的衡量标准，未充分考虑发展后期的人力资本要素 3.缺少实时调整的机制和退出机制 4.合伙人未来的价值和作用无法预估	1.解决股东之间贡献与股权比例不匹配的问题 2.体现创始团队在不同的发展阶段和不同岗位的作用 3.刺激现金出资以外的各种资源贡献 4.无效果无报酬

图 4－3　静态与动态股权分配机制对比

（二）成长期

成长期的企业在股权准备方面主要有三个核心点：上下游/产业链利益相关者股权布局，员工股权激励，股权融资。

1. 上下游/产业链利益相关者股权布局

以白酒产业为例，白酒产业的上游是粮食和包装的供应，下游是酒类批发零售，中游是白酒酿造，如图 4－4 所示。作为白酒企业，如果想让企业发展得更好，可以把粮食供给厂、包装印刷厂、酒类批发零售这些产业链上的利益相关者通过项目投资、换股的形式全部装到上市企业的壳子中，通过授予上下游企业股权增强对产业链的布局控制。

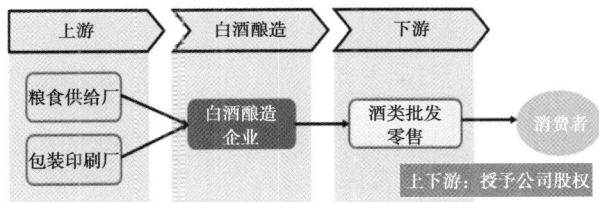

图4-4　白酒行业的供应链股权导入

2. 实施股权激励

股权激励本质上是企业以股权的形式，包括期权、现金等来激励员工。常见的股权激励模式有两种，一种是权益结算类，另一种是现金结算类，如图4-5所示。权益结算类包括股票期权、

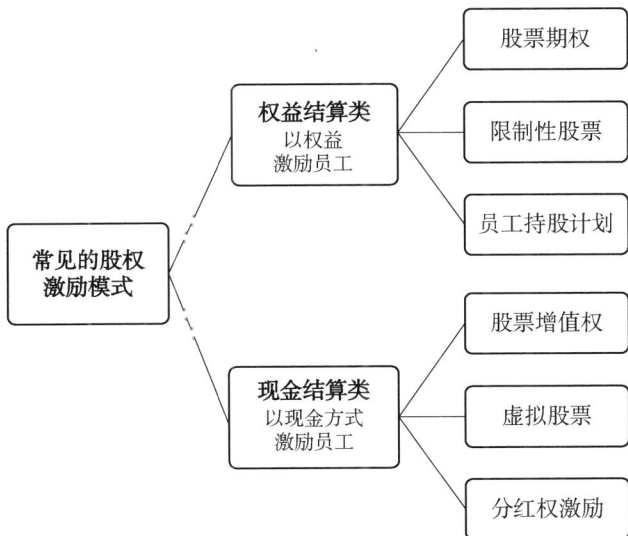

图4-5　常见的股权激励模式

限制性股票、员工持股计划。现金结算类包括股票增值权、虚拟股票和分红权激励，这三种方式没有期权激励，本质上没有给员工更多的股权。

股权激励能为企业带来很多价值，解决雇佣制面临的难题，本身是一个吸引人才和留住人才的过程，同时能实现企业的快速增长和利润倍增，使企业做大做强，最后在资本的帮助下实现腾飞，保持基业长青。最终目的是实现企业价值的最大化。

3. 股权融资

企业发展过程中需要通过融资来把企业做大。融资需注意三个方面：融资前期准备、融资过程、融资风险防范。

（1）融资前期准备。融资前期准备包括研究融资策略，思考如何吸引投资人，对吸引来的投资进行估值。

（2）融资过程。整个融资过程中，会产生条款清单、尽职调查以及签署系列法律文件，需要进行交割和后期整合。

（3）融资风险的防范。首先要了解融资的先决条件是否能够满足，警惕投资人的优先权，谨慎对待对赌，对董事会和监事会的席位进行把关，尽可能不要给投资人股东董事或者监事席位，注意一票否决权的范围，还可以设立反稀释条款。

股权融资的主要目的是完善股权结构，满足上市的要求。同时，企业融钱以保障资金使用，融资源以促进业务发展。

（三）成熟期（拟上市）

成熟期的企业要尽快完成三件事情：

1. 完成股权激励

使股权激励的对象能在上市之前实实在在地拿到股权，因为上市后再做股权激励，员工的溢价就少了。

2. 进行股份制改造

这个第五章还会细讲，在此不再赘述。

3. 并购重组

一个成熟期的拟上市企业，如何才能充分地利用股权工具做好上市准备？需要注意以下几点：第一，并购同业，增加营收；第二，如果拟并购对象不愿意被收购，还可以联合上市，互利共赢；第三，剥离亏损业务和非主业，使企业的主营业务更加突出。

作者观点

从企业成立就筹划上市，是不是太早？

经常有创业者问，什么时候开始筹划上市？企业成立就筹划上市，是不是太早？对于这个问题，需要看创业者的规划和创业的目的。我曾服务过传统的从未融过资的制造业工厂（代工），也服务过高科技创业企业，两种类型的企业的发展思路完全不一样。代工工厂没有多少技术含量，是劳动密集型行业，企业主想的是做点小本买卖，从未想过上市。而高科技创业企业在企业设立时甚至设立前，会先找到投资人，与投资人签署的投资协议里面，往往有关于上市对赌的条款，即要求企业在几年内（常见为5年）上市。所以，对于创业企业而言，上市的约定其实在第一次跟投资人签署协议的时候就已经安排了，筹划上市是不是越早越好？

其次，上市并不是终点，也不是最终目的，最终目的是企业的使命和愿景，所以一开始把上市作为目标之一也是考虑通过上市，借助资本市场的力量发展企业，尽快实现企业的使命和愿景而已。

最后，如果从一开始就筹划上市，能避免后续整改的成本，尽可能提高上市的可能性。因为尽管上市主要看申报的上市前三年的审计报告等资料，但是企业在设立之初是否有重大瑕疵也属于上市审核的范畴，如果一开始就进行规范运营和管理，就能为后续上市打好坚实的基础。

比较欣喜的是，投资者和创业者现在对待上市都越来越理性，都在提前规划上市的可行路线和步骤，也非常重视合规，提前聘请中介机构如律师、会计师为企业日常经营活动把关，更稳妥地推进上市。

第二节
上市的基石——业绩准备

企业要打好上市的基础，就要做好业绩，业绩为先。如果没有业绩，在基础层面就达不到上市的要求。对于企业上市来说，合规是前提，增长是变数，二者相辅相成。这一节的主要内容就是如何做好业绩准备、如何实现增长。按照我的理解，上市与合规、增长之间的关系是：

$$上市 = 合规 \times 增长$$

首先要明确：是否必须有业绩才能上市？前面已经提到上市的条件，通常情况下，必须要有业绩才能够上市，在特殊情况下没有业绩也能够上市，但是市值必须要比较高，且研发费投入占比较高。

一、各板块上市的业绩要求

关于业绩的要求，第三章已经详细表述过，在此不再重复。

大部分板块对于拟上市企业的业绩都有一定要求。尽管有一些特殊的规定，比如科创板和北交所都有一条，如果市值较高，同时具有明显技术优势，有研发投入，可以免除业绩要求，但是这毕竟是特殊情况。对于广大想上市的企业而言，业绩还是上市的基础。

二、如何做好业绩准备

既然业绩如此重要，那么要做好业绩准备，就需要从以下五个方面入手。

（一）突出主营业务

要突出主营业务，专注于主营业务。主营业务代表着企业的核心竞争力。同时主营业务关系着企业的持续盈利能力，做好主营业务能有效保障企业的收入不出现剧烈波动，保持经营的稳定性。对于想要上市的企业来说，一定要把主营业务做扎实、做突出。

要突出主营业务，可以从以下三个方面入手。

1. 分析企业的收入结构

有些企业是多元经营模式，但是没有突出的主营业务。一定要对本企业的收入结构有充分的了解，明确每个业务板块的收入占比。一般而言，主营业务收入至少占到整体的 50% ～ 60% 及以上。

2. 强化主营业务

要把资源、人员、注意力、资金倾向于主营业务，让主营业务能够持续爆发、持续增长；最后可以剥离或弱化非主业，和主营业务无关的业务板块最好的手段是剥离，如直接卖出。难以剥离的可以选择弱化，只维护现有的客户，不再开拓新业务，这样，非主营业务就会逐渐自我消化。

3. 保持主营业务的稳定性和持续性

各个板块对于拟上市企业主营业务的要求如表 4-1 所示。

表 4-1　各个板块对于拟上市企业主营业务的要求

板块	要　　求
主板	最近三年主营业务没有发生重大变化
创业板	（1）发行人应当主要经营一种业务，其生产经营活动符合法律、行政法规和企业章程的规定，符合国家产业政策及环境保护政策 （2）发行人最近两年内主营业务没有发生重大变化
科创板	发行人生产经营符合法律行政法规的规定，符合国家产业政策
北交所	最近 24 个月内主营业务未发生重大变化

主板的要求是最近三年主营业务没有发生重大变化，要保持主营业务的持续稳定性。创业板的要求是发行人应当主要经营一种业务，同时发行人最近两年的主营业务没有发生重大变化。科

创板则没有太多规定，要求发行人的生产经营要符合法律行政法规的规定，符合国家的产业政策。北交所要求最近 24 个月内主营业务未发生重大变化。

（二）保持稳步增长

前面提到一个公式"上市＝合规×增长"，合规是基础，增长是变数，如果企业的业绩波动剧烈，交易所和证监会不敢贸然让企业上市，因为如果上市之后还继续下滑就将损害中小股东的利益。所以一旦出现了业绩的剧烈下滑，IPO 就非常危险。在整个 IPO 审查过程中，持续盈利能力是最主要的核查因素，所以一定要保证业绩是稳步发展的，要稳中有涨而不是稳中有降。如何保持企业的稳步增长，有以下几点建议：

第一，要根据市场占有率进行规划。如果说产品的市场占有已经达到 80％，增长空间就比较有限，除非有新的需求产生；但是如果市场占有率低于 10％，表示还有较大的增长空间，企业还可以在这方面进行规划、去扩大市场占有率。

第二，根据产品的市场生命周期进行规划。很多产品的更新换代非常快，企业的增长要符合产品的周期。

第三，最好每年增长 30％以上。如果企业要呈现比较亮眼的数据，每年的增长最好达到 30％以上，显示出稳步增长的劲头。

（三）提升净资产收益率

1. 为什么要提升净资产收益率

北交所的上市指标中，第一点和第二点都有相关净资产收益率的要求：市值不低于 2 亿元，最近 2 年净利润均不低于 1 500 万元且加权平均净资产收益率的均值不低于 8%，或者最近 1 年净利润不低于 2 500 万元且加权平均净资产收益率不低于 8%；市值不低于 4 亿元，最近 2 年平均营业收入不低于 1 亿元且最近一年营业收入增长率不低于 30%，最近 1 年经营活动产生的现金流量净额为正。因此，提升净资产收益率是北交所的上市要求之一。

2. 如何提升净资产收益率

首先，可以考虑剥离无效资产。资产收益率的计算方法是收益/净资产，如果能够剥离无效资产，降低分母，可以提升收益率。

其次，可以提高毛利率，把注意力聚焦在能够带来较高的毛利率的企业和客户身上。

（四）加大研发投入

科创板和北交所的上市条件中都提到了研发投入的问题，北交所的第三点和第四点要求都提到了研发投入占比。市值不低于 8 亿元，最近 1 年营业收入不低于 2 亿元，最近 2 年研发投入合计占最近 2 年营业收入合计比例不低于 8%；市值不低于 15 亿元，最近2年研发投入累计不低于5 000万元，即如果达到研发投入要求并且其他条件满足，上市本身是没有太大问题的。

研发投入能显示企业的技术属性，加大投入意味着专利、商标的注册越来越多，企业的科技含量越来越高，有利于未来上市。目前的趋势就是投资者越来越青睐高科技企业。加大研发投入有利于企业未来申请专精特新"小巨人"，专精特新"小巨人"是北交所鼓励的方向。加大研发投入，更加专业化、精细化、特别化和新颖化，在满足北交所上市要求的同时也可以申请相应的补贴。

（五）打造商业模式

商业模式的重要性之前已经提到，打造商业模式要做好以下三点。

第一，一定要设计好商业模型，找到闭环。商业模式本身要具有吸引性、有持续盈利能力。

第二，要做好项目评价和估值谈判。各个板块在上市要求部分基本都有市值的要求，企业没上市如何知道市值？可以根据上市之前的融资情况来评估。因此在打造商业模式的时候也要注意估值谈判，在估值上占到优势，能更好地满足上市的市值要求。

第三，打造商业模式要根据企业自身的特点进行基因分析。企业是ToC、ToB、还是ToG，适合的商业模式是不同的。每个企业都有自己的基因，如技术基因、国企基因、商业基因等，这也决定了最适合各个企业的商业模式的不同。

第三节
上市的股权准备： 股权战略与架构设计

为了做好上市的股权准备，首先要理解股权战略的逻辑——从股权结构设计到股权激励。股权战略的业务类型包括：股权合伙、股权投资并购、股权融资、股权激励。股权合伙解决企业合伙创业的问题，股权投资并购解决企业做大做强的问题，股权融资解决企业资金问题和资源问题，股权激励解决员工忠诚和态度问题。

股权战略业务有其特殊性，涉及企业股权顶层设计，牵一发而动全身，需要经过周密布局综合考虑；涉及企业股东、经营管理层与投资人等企业各方主体，各主体利益权衡差异较大，既要关注各主体独立需求，也要考虑企业整体利益；具体业务交易结构相对多样，交易细节个性化较强；企业的合规环境变得更加严格，股权交易相关监管规则愈加复杂多样。帮助企业统筹规划，制订系统性的、能动性的股权规划体系，做好法律风险认知、评价、预防和管理，能够为企业创造更大的价值。

本章第一节提到不同阶段的企业要做的不同准备，强调的是要在不同阶段，做好适当的股权准备。本节将延续第一节的逻辑，就具体如何做好股权准备进行更为详细的分析。

为了实现整体的股权架构设计，下面分别就合伙人和员工的股权激励，产业链上下游的股权导入，股权融资、并购、重组剥离这五个方面分享如何做好股权的战略准备。首先需要思考为什么要做好股权准备？可以从三个方面来分析。

第一，因为股权是工具，股权是最好的融人、融钱、融资源的方式。

具体来说指的是通过股权吸引投资人进来，大家一起为上市努力，为企业发展努力。因为投资之后，他们会自然成为企业的股东，所以股东肯定会为企业发展拼命努力。毫无疑问，通过股权融资能够融到资金，同时也是融资源。现在的这种投资人往往是服务型投资人，投钱的同时也会主动并且自觉地把自己的资源往企业导入。比如企业是做医疗器械的，投资人投钱之后，也会主动把自己的这种医院资源、医生资源导入进来。所以，股权是一种工具。

第二，上市必须要有完善的股权结构。

一个完善的管理结构包括合伙人、创始人、员工、投资人和资源股东五个方面。一个完善的股权结构至少包括核心要素如创始人、合伙人、投资人。所以只有完善的股权结构，才能摆脱家族企业的这种桎梏。

第三，企业最好要在股改之前完成股权调整。

要提前做股权调整准备。因为股改之后，企业本身的结构比较完善，很快就要申报挂牌或者上市，这也是为什么要在股改之前进行股权调整的核心原因。上市本身也需要完善的股权结构，所以需要在上市以前把股权结构进行完善。比如没有股权激励，可以通过给现在员工和合伙人做股权激励，方便留住他们。如果没有针对供应商、大客户代理商、经销商做股权激励，可以考虑通过股权激励让他们能够以股权的形式激励自身企业的业务发展，做出更大的贡献。所以说股权准备工作是上市的必备一环。

一、股权激励（以万通液压为例）

股权激励是很多企业留住人才、吸引人才的必然手段，但也需要遵守相关的法律法规和监管要求以及流程。我们先以北交所开市后第一单企业万通液压股权激励计划为例，来分析如何合法合规地推进股权激励计划。

（一）万通液压股权激励计划

根据山东万通液压股份有限企业（股票代码：830839）公布的《2021年限制性股票激励计划（草案）》①，其主要内容为：

---

① 北京证券交易所官网，上市企业公告，http：//www.bse.cn/disclosure/announcement.html，2022年2月4日浏览。

1. 股权激励形式、对象、数量等核心要素

（1）本激励计划采取的激励形式为限制性股票。

（2）股票来源为企业向激励对象定向发行的本企业人民币普通股股票。

（3）本激励计划拟授予激励对象的限制性股票数量为168.75万股，约占本激励计划草案公告日企业股本总额11865万股的1.42%。其中：首次授予135万股，约占本激励计划公布时企业股本总额11865万股的1.14%，预留33.75万股，约占本激励计划公布时企业股本总额11865万股的0.28%，占本次授予限制性股票总量的20%。

（4）本激励计划首次授予的激励对象共计12人，包括公告本激励计划时在企业任职的核心员工，不含董事、高级管理人员、独立董事、监事，以及单独或合计持股5%以上的股东或实际控制人及其配偶、父母、子女。

（5）本激励计划授予激励对象限制性股票的授予价格为5.43元/股。

2. 股权激励的程序

（1）本激励计划中预留限制性股票的授予方案经董事会审批通过。

（2）预留限制性股票的激励对象名单经监事会核实，律师发表专业意见并出具法律意见书后，企业应在指定网站按要求及时准确地进行披露。

（3）预留限制性股票将在本激励计划经股东大会审议通过后12个月内一次性授予，授予条件与首次授予限制性股票的授予条件相同。

（二）为什么在上市以前需要做股权激励？

股权激励可以带来很多优势，因此很多企业上市之前会选择实施股权激励计划。

1. 做股权激励本身是完善的股权结构的体现

如果一个企业没有除了创始人之外的其他股东的话，这种架构显然是不合理、不完善的，也达不到上市的要求。上市企业在申报上市之前，企业如果做了股权激励，本身企业从规范性角度来讲将更加完善。

2. 股权激励本身也是留住现有人才的方式

留下人才有两个原因，第一个是为了保持稳定性，因为上市有个要求，高管、董事、核心团队不能发生重大的变化，否则会影响上市的审核。怎样才能保持稳定性？使用股权激励留住这些人才，是一种非常好的手段。如果在上市以前做股权激励，员工们发现企业即将上市，持有股权的员工就会选择留下来。所以这是为了留住员工并保持上市的稳定性的一个方法和手段。

企业其实会遇到很多困难，比如资金用于研发和销售，可能没有那么多现金用来涨薪。在这种情况下，想留住员工，需要考虑通过给股权让员工有一个补偿，否则容易造成员工心理不平衡。换位思考，企业未上市，员工没有股权，工资又低，肯定是留不住员工的，所以从这个角度讲，做股权激励也是为了平衡薪酬。

通过实施股权激励，有利于建立利益共同体，激励人才，提高员工忠诚度。

3. 为了吸引优秀人才的加入，降低成本

股权激励是招聘员工时的企业优势之一。在上市以前需要打造职业经理人团队，尤其是要吸引财务总监、董事会秘书、销售总监、研发总监等优秀人才，仅靠薪酬可能不一定留得住人，因为中小企业开出的薪酬不一定有吸引力。薪酬过高，可能影响营业利润，怎么办？答案就是做股权激励，因为如果企业给员工股权，企业会把股权的对应的未来可能产生的收益计算在薪酬里面，员工会发现上市前虽然工资低，但上市之后能通过上市获得更多的股权收益，所以这也是吸引优秀人才加入的一个方式。

4. 有助于加强企业经营管理，提高企业业绩

实施股权激励之后，企业内部凝聚力增强，经营管理水平也会相应提升，还可以提高员工的工作积极性，进而提高业绩。

（三）北交所（拟）上市企业股权激励法律依据

（拟）上市企业股权激励法律依据主要包括：《中华人民共和国公司法》《中华人民共和国证券法》《上市公司股权激励管理办

法》《北京证券交易所上市公司持续监管办法（试行）》《北京证券交易所股票上市规则（试行）》《北京证券交易所上市公司持续监管指引第 3 号——股权激励和员工持股计划》。

（四）怎么做股权激励？

股权激励主要是八定，包括定模式、定人、定量、定目标、定价格、定条件、定来源、定时间。"八定"确定之后，整个股权激励的方案就能得到确定。

1. 定模式

定模式指的是定股权激励的模式，如分红权期权、限定股权等。

2. 定人

定人指的是定下来参加股权激励的对象是谁。

3. 定量

定量指的是股权激励总量和每个个体的量，给他们授予多少股权。

4. 定目标

定目标指的是做股权激励，要达到什么样的业绩目标，达到什么样的绩效考核目标。

5. 定价格

定价格指的是员工的进入价格和退出价格，员工买股权要花多少钱，万一退出了、中途离职了退多少钱，回购价是多少。

6. 定条件

定条件一般指的是授予条件和行权条件，授予条件是指什么人有资格参与授予，行权条件指的是什么情况下才可以行权，一般的行权条件会跟员工的绩效考核挂钩的。

7. 定来源

定来源是指股权来自哪里，是来自大股东的转让，还是来自企业所进行的增资？

8. 定时间

定时间是指比如说行权，分几年行权，行权之后什么时候能退出等。

（五）股权激励的实施程序

股权激励整个实施程序如下。

1. 对企业情况进行摸底和沟通

有经验的专业第三方如果做股权激励，第一步先会做企业情况的摸底和沟通，摸底企业资金过去怎么样，企业员工层次怎么样，企业过去有没有做股权激励，企业规划发展怎么样。整体摸底后进行沟通，沟通企业主的想法，沟通员工的想法，然后进行宣导，让员工了解什么是股权，为什么做股权激励，有什么好处。

2. 拟订股权激励方案和股权激励计划

股权激励方案内容就是前面所说的"八定"。

3. 通过董事会和股东会决议

方案首先通过董事会，然后报股东会审批。当股东会审批完之后，股权激励计划和方案就会正式生效。

4. 搭建员工持股平台

针对参与股权激励的员工，为了便于统一管理，往往需要搭建一个员工持股平台，员工在有限合伙企业里面当有限合伙人（LP），承担有限责任，然后企业主当普通合伙人（GP）。

5. 完善配套机制和配套文件

完善这类文件，诸如完善企业章程，完善劳动合同，起草期权授予协议、承诺书等。

6. 员工宣讲

告诉员工方案具体是什么，员工参与股权激励有什么好处，需要遵守什么义务。

7. 相关法律文件的签署

让员工接受股权激励之后，需要签署相关的协议文本，比如期权授予协议、承诺函。通过这些文件让员工同意在企业参与股权激励，按照股权激励程序去交款等。

8. 后续的股权管理

因为股权激励设立完之后，可能会有新员工进来，也可能会有老员工退出，还有的需要行权，这都需要进行后续的股权管理，这是一套完整的股权激励的流程。

作 者 观 点

股权激励有用吗？

我从事多年股权与资本市场的业务和教学，经常有企业家学员问我，股权激励有用吗？是否能够真正激励到员工？我博士后出站报告研究的就是关于股权激励对员工的激励效果。在此，根据多年的实务经验和研究成果，我认为，股权激励如果实施得当，确实能起到很好的激励作用。

确实，不仅是中小企业，大企业也都在做股权激励。企业做大了，要上市，股权激励不可或缺。华为、阿里巴巴、腾讯、京东、小米这些大企业都做过股权激励，好的股权激励不仅可以帮助企业主留住核心人才，而且能够通过股权分股而不丧失控制权，还可以融资上市。我们要打造人才的"金手铐"，形成"着眼未来、利益共享、风险共担"的新型激励机制。

股权激励就是企业股权或股权的收益权以某种方式授予企业的中高层管理人员和业务、技术骨干，让他们能够参与决策、分享收益、承担风险，形成权利和义务相互匹配的所有权、收益权、控制权和管理权关系，从而激励员工为企业长期发展服务的一种制度安排。

对一个企业来说，核心竞争力就是"人才"，只有把人才留住了，企业才能更好地发展。企业给员工干股，好处就是员工不需要出钱买，可以在一定程度上激发员工的工作积极性，让员工在企业创造的利润中共享利益，但是同时因为干股不用员工自己掏钱买，因此，有些员工可能会抱着无所谓的态度，员工和企业之间的信任度还不是很紧密，一旦企业前期盈利能力不高，干股就会失去激励的作用。给员工股权，既能稳定内部的员工，提高工作积极性，同时还能吸收资金，但同时也要考虑企业发展各阶段的持续性，不能一揽子把所有股份都发放，要创造新人才的预留机制。每个企业在股权激励上，不一定是固化的某一种模式，可以根据不同的发展需求，将多种方式结合起来使用。

作者观点

做股权激励服务这些年

我曾给大大小小近百家企业做过股权激励，发现很多企业企业主对股权激励存在误解，不少企业主也踩过不少坑。我们做的股权激励项目基本都是定制化服务，合法合规地实现企业主用人、留人、激励人的目的。

股权激励计划应当融入企业的整体战略中进行通盘考虑，在实施股权激励之前，要先想明白企业的股权战略：如何给资本股东分配股权？如何保持创始人的股权？在此基础上，继续考虑：股权激励到底是什么？股权激励有什么用？为什么会有股权激励？如何实施股权激励？决定股权激励成败的关键要素是什么？我的企业应当搞股权激励吗？我的企业应当怎么搞股权激励？通过股权战略和股权激励，确保企业战略的连贯性，能够自动完善企业治理机制，构建有效的人才激励与约束机制，打造真正的利益命运共同体，使企业主从经营管理的具体事务中解脱出来，激活团队，解放企业主。

企业做股权激励主要踩过哪些坑呢？我们发现，很多企业尤其是初创企业，早期激励容易采取简单粗暴的形式，主要体现在创始人和核心员工之间签订一纸协议，创始人书面许诺将自己名下的一部分股权授予员工，我们把这种激励股权的持有方式叫作股东代持。代持协议的合法性没有问题，但是代持背后的隐形风险需要每一个创业者能够清楚地认识到。关键的问题是，在临近上市前处理股权代持的问题，此时企业估值相对较高，股权转让必定会产生金额巨大的纳税义务。我们看到的一个独角兽项目，代持股东转让股权的涉税金额使得创始人和被代持人都非常尴尬。转让还是不转让？金额巨大的税款该由谁来支付？一时不知该如何处理。所以，该不该代持，在什么时间点将代持股权处理完毕，这些都是需要提前考量的问题。

　　我从事的股权战略业务以企业客户这一特定群体为切入点，关注企业在股权投融资、股权激励实施、企业上市并购等不同发展阶段、不同场景下的具体法律需求，体现了作为股权设计师对企业控制权的配置及企业治理机制的运作方式、股东利益分配机制以及纠纷合理解决机制的洞察与分析建议。我一直认为，做好股权战略业务，不但要穷尽这个领域所有的法规和监管规则，还要对企业的商业模式、运营方式等行业情况有全面认知，以及充分了解企业的组织架构与薪酬模式。只有这样，才能运用法律为商业赋能，帮助客户实现最终商业目的。

二、产业链上下游的股权导入

　　关于如何进行产业链上下游的股权导入，下面将介绍整体思路阐述。

（一）筛选上下游合伙人

　　企业的发展离不开产业链上下游合作伙伴的帮助，但是需要认真筛选对象，并不是每个合伙伙伴都认同企业的股权价值，大部分合伙伙伴更愿意接受真金白银，所以需要找到认同本企业并愿意同本企业长期发展的上下游合伙人。

（二）设立持股平台，制订股权导入方案

建议先设立持股平台，让上下游合伙人成为持股平台的合伙人，从而间接持有企业的股权，把它变成企业的密不可分的供应商、经销商、客户，以股权的形式来绑定利益关系，这种模式经过实践的验证是行之有效的。

通过这种模式可以使得企业保持利润的高速增长。因为大家一起合作，这些合伙人的利益得到了更充分的保证，所以通过产业链上下游的股权导入，使得产业链上下游跟企业的利益捆绑得更紧密，同时各方更愿意为企业发展提供更多的力量。

（三）确定绩效方案，以业绩换股权

通过这种上下游的股权导入，使得合作伙伴一心一意跟企业一起发展，业绩就能更快增长。但是，需要制订绩效方案，要求这些合伙人完成一定业绩才能兑换股权，这样才能起到真正的激励效果。

（四）制订退出机制

即使制订了绩效方案，也有可能完不成。因此，必须要制订退出机制，让完不成业绩或不想继续合作的上下游合伙人退出，否则，若只有进没有退，企业的股权会越来越少。

三、股权融资

（一）上市前股权融资的原因

大部分企业在上市之前都会考虑做股权融资，原因有三个。

第一，这是为满足上市的要求。北交所、创业板、科创板都有预计市值的要求。怎么预计市值？预计市值首先要看企业目前的估值多少。怎么看企业的估值？如果没有投资人，不做融资，根本无法证明估值，只能计算净资产。所以要想满足各板块对市值的要求，必须要做融资。而且融资的对象应当是那种规范的机构投资人，能够得到认可的机构投资人，如果他们去做融资，对应的估值就能够计算出来，而一般都会把估值认为是它的市值。所以这是为了满足上市的要求，同时还有一个要求，股东结构应该更加完善，应当体现出投资人在里面，所以这也是满足股权结构的一种方式。

第二，股权融资本身即融钱，要保障资金能够得到使用，因为很多企业上市以前其实挺缺钱的，一方面要做业绩，一方面还需要支付上市的各种费用。如果决定上市，多了一笔过去不在预算中的费用，这个费引怎么出？如果能够融资且融资的钱能覆盖这些费用，创始人就踏实了。所以股权融资本身也是融钱的过程。

第三，股权融资也是融资源的过程，现在很多投资者不仅仅有钱，他们也有资源，尤其是行业资源。为什么投资人愿意把行业资源拿出来？道理很简单，因为投资人作为企业的股东，把利益放出来对股东有利。这就是股权融资的三个目的。

那么，融资一般会经历哪几个阶段呢？

（二）股权融资的过程

一般来说股权融资有如下过程。

双方首先做一些洽谈，有意向以后，一般来讲投资方都会进行实地考察，看这个项目怎么样，团队怎么样，产品怎么样。实地考察之后，如果投资方满意了就会拿到投资意向书，投资人会签投资意向书。但这个过程中可能还会有竞价，比如有几个投资人都有兴趣，可能进行竞价，如果没有竞价也没关系。签完投资意向书以后，也需要进行尽调和谈判，谈判之后会了解企业到底值不值得投资，评估之后就会签最终的投资合同或增资协议。签完之后，资金就会到账，投资人正式成为企业的股东。这是整个融资的过程。

很多企业过去可能没有经历过融资，但融资本身并不复杂，现在的机构投资人都比较有经验，他们会出全套的融资文件，只要配合就行了。当然这过程也有一些坑在里面，所以需要请服务机构如律师来审核。比如在投资合同里面可能有各种优先权、对赌、回购等条款，如果大意，有可能会造成利益损失，所以需要专业机构来配合参与融资的过程。

作 者 观 点

融资过程的那些坑

我曾帮助过不少创业企业从设立初期就不断融资，经历种子轮、天使轮、A轮、B轮、C轮、D轮直到上市，也看到了很多企业在融资过程中踩过的坑。企业在初创、成长，乃至成熟阶段的融资过程中面临六大陷阱，包括：①投资的先决条件，这方面一定要注意法律法规与合同约定；②优先权问题，如优先分红权、优先清算权等；③对赌条款；④董事会、监事会的席位设置，如为了避免企业僵局，最好将董事会席位设定为奇数；⑤一票否决权，即使股份达不到三分之一的股东，也可以通过合同约定对企业事项行使一票否决权；⑥反稀释条款。

针对这些陷阱，作为创业者一定要有底线思维，知道哪些可以谈，哪些是绝对不能妥协的。例如，优先分红权可以谈，大不了上市之前不分红；董事会席位一定要掌控一半以上，否则就丧失了控制权等。

四、并购

为什么要做并购？并购的目的就是让企业能够通过并购同行获得收入、利润、资产，产量也会变大，这样更符合上市的要求，这是上市前做并购的目的。

（一）并购的分类

并购一般有两种分类方式。

1. 横向并购和纵向并购

第一类：从方向上讲，并购分为横向并购和纵向并购。

横向并购是指并购同行，企业变得更大，在行业的排名更靠前。纵向并购指的是并购上下游的企业，比如清华紫光并购做芯片的设计、做存储的企业，这些企业属于它的产业链上下游。

并购产业链上游企业以后，自己就有了材料供应商，这是并购的目的。

2. 资产并购和股权并购

第二类，从标的上讲，分为资产并购和股权并购。

资产并购的逻辑是什么？例如，看到一块地在某企业名下，但该企业名下还有其他一些资产，比如说房地产、建筑材料等，它并不需要，那就直接收购资产，如厂房、地皮。而股权并购指的是收购一家企业股东的股权，从而取得这家企业的控制权。这两种并购方式都是可以上市，取决于目的。

并购和股权投资有什么区别？股权投资比并购的范围更广，并购是要取得对方控制权，比如并购收掉了 51％ 的股权，通过增资或者股权转让的形式能取得控制权，但是股权投资除了取得控制权之外，其他都是没有控制权的。如果不是控制权变更的话，就属于普通的股权投资。股权投资就是投资人拿资金或者是资源向企业进行投资，投资完之后成为企业的股东。但是一般来讲，股权投资都没有获得控股控制权，都是参股，所以这两个在程度上是不一样的。

如果想并表，把投资的企业并表就必须要走并购的路子，做股权投资只能形成投资收益。只有并表以后，才能够将对方的收入和利润合并。企业在上市之前经常做一些并购，增加自己的营收利润和资产，这是并购和股权投资的区别。

（二）并购的流程

并购流程有哪些？并购一般分为三个阶段：前期准备阶段、实施阶段和整合阶段。

1. 前期准备阶段

第一步，主要做前期准备工作和进行谈判。第二步，有了大概意向之后签一个投资意向书或者并购意向书，但签完这个基本上是没有法律效力的。除了保密和争议解决条款之外，一般其他条款没有法律约束力。签完了并购意向书之后，第三步是要开始做尽职调查，一般要做得非常的细，因为不但要并表，还会把它的收入合并，如果收了一个不太靠谱的企业，可能会深受其害。

2. 实施阶段

做完尽调之后，进入了实施阶段，包括要开始拟定并购方案以及做可行性研究报告，评估投资到底值不值得。如果并购方案和可行性研究报告通过之后，接下来要准备所有的法律文件，如并购协议、投资协议等。开始同对方做并购协议的谈判，谈判成功之后双方签约。当协议签完之后开始进入过渡期，从协议签完一直到做完工商变更都属于过渡期。过渡期要做相应的审批报备手续，包括工商变更。

3. 整合阶段

工商变更做完之后，到了第三个阶段，即整合阶段。需要对被并购的企业进行整合，包括人员整合、文化整合、业务整合等。整合完之后，双方在文化上、思路上、行动上都会达成一致。

（三）并购的方案设计

在并购之前要做好并购的方案设计，一般考虑以下几个维度。

第一，做资产并购还是做股权并购。

第二，以增资方式还是股权转让的形式，因为增资是可以免税的，但股权转让要交所得税。

第三，想达到参股的目的，还是达到控股的目的。一般并购都是想控股，但如果拿不到控股权，也可以拿到参股权以及一票否决权。

第四，货币收购还是换股。例如，大企业收购的金额经常动不动就是几亿元、几十亿元甚至上百亿元，这种上百亿元的并购，企业没有那么多现金怎么办？可以通过换股的形式收购，如增发股票的形式来置换股份，不用掏现金。

第五，并购一定要做好税收的筹划，尽可能节税。

作者观点

并购的风险如何规避？

我曾帮助过大中型国有企业和民营企业操作并购项目，发现一些并购项目的风险是比较大的，并购后可能整合不成功，或没有获得预期的收益。那么如何才能规避这些并购的风险呢？

1. 做好并购的策划和方案准备

做好并购的战略准备是并购工作的重中之重，因为并购的目的往往是为了目标企业的业务、渠道或资产，需要提前做好并购战略，就对方在谈判中的反应、诉求等做好应对准备。

2. 做好尽职调查

并购的尽职调查尤为重要，因为并购不同于一般的股权投资，而是要控股目标企业，因此要做深入细致的尽职调查，一方面是为了拿尽职调查报告来评估是否值得并购，另外一方面是把从尽职调查过程中发现的问题写进投资协议里面，由目标企业或原股东承诺整改。

3. 并购法律文件的风险防范

既然并购存在一定的风险，那么可以通过相关法律文件的约定降低风险，如约定分期付款，留一部分尾款用于目标企业整改尽职调查中发现的问题，或者作为后续出现尚未发现的风险时的保障。

五、重组和剥离

（一）重组和剥离的目的和好处

（1）可以优化资产结构，把一些不良资产从企业里给剥离出去。

（2）提升净利润。做重组剥离之后，企业因为把一些无效资产或者低效资产清理出去，使得企业的利润得到提高。

（3）化解同业竞争。通过重组和并购可以把同业的企业纳入上市企业，就不存在同业竞争了。重组剥离不仅仅是剥离，而是一边剥离一边吸纳新的主体进来。

（二）重组和剥离的方式

如何通过重组和剥离对企业进行优化调整？可以从三个方面开展。

1. 剥离不良资产和低效资产

如果之前的经营过程中发现有资产每年亏损或者经营效率特别低，就需要及时剥离。比如别的企业人均每天能产出 100 个零部件，而我们企业一天只产出 10 个，这就属于低效资产，存在的意义不大，还不如直接剥离出去，让企业的利润率有保障。

2. 业务合并

相同或者相似的业务进行合并。企业创业初期可能有很多业务，很多注册实体，如果想朝预想的方向发展，最好是把上市体系内的这种业务对应的业务板块进行合并，这样便于突出主业。

3. 业务剥离和独立

在做重组剥离的时候，一定要看看有些业务是不是可以独立出去，独立出去之后或可以进行培育，只是不上市而已。而且这也是上市的独立性要求，要保持业务独立，在上市集团里面也是独立的，集团中每个主体企业之间业务往来要有各自的成本核算，保持业务的独立。

总之，做好股权准备的五个要点，包括股权激励，产业链上游的股权导入，股权融资、并购、重组剥离。通过做好这五个要点，使得企业的股权在上市前做好充分的准备，为上市扫清各种障碍。

第四节
上市的底线——合规准备

如何做好上市的合规准备？从两个维度来分析这个问题：第一个是从财税合规的角度，第二个是从法律合规的角度。首先要理解一个问题，到底什么是合规？

一、何为合规？

（一）合规的"规"

关于合规，可能每个人都有自己不同的理解。按照常见的理解，"合"是符合，"规"是法律法规、国际条约、监管规定、行业准则、商业惯例、道德规范。还有企业的章程和制度等都属于"规"。规是一个大类，即上市合规要求企业和员工的各种经营的行为、管理的行为应该符合上面说的这些"规"。这样它就是一个正规的或者合规的一个企业，这就是合规的逻辑。

到底是合法宽泛一些，还是合规更宽泛一些？毫无疑问合规大于合法，因为在中国，"规"的范畴比法律大，所以经常说没有重大的违法违规行为。合法合规，法是最核心的要求，而合规不仅仅需要合法，还需要符合上面说的一些规章制度、道德规范等内容。

那么证监会和交易所对上市企业的合规到底有没有具体的要求？证监会和交易所有关于不出现重大违法违规的要求。因为一旦合规操作空间过大，企业不可能什么都完全合规。如果出现重大的违法违规事项，上市直接否决，无论利润多高。如果利润高是因为偷税漏税，或者是因为从事走私贩毒，即使其他方面都合规，仍然不能上市。

（二）何为"重大违法违规"

1. 重大违法违规的逻辑

合规是上市的基本要求，所以了解什么叫合规、怎么合规，以及什么情况会构成重大的违法违规显得尤为重要。到底什么情况下会构成重大违规，其实是有一定的解释空间的。某些事项可能重大，某些事项可能不重大，取决于这个行为本身的社会影响性、涉及的金额，对社会的危害等要素，所以不能一概而论到底怎样才算构成重大违法违规。

违法违规是一个定性的事情，是否重大是一个定量的事情，所以只要做到不违法不违规，自然就不存在重大违法违规问题。

上市企业合规有哪些主要的依据？如果真要去研究关于企业合规的所有的内容，会非常多。首先是要抓住核心点，就是《证券法》和证监会的上市企业治理准则以及交易所制定的上市企业治理准则。

2. 北交所对重大违法违规的表述

下面重点就《北京证券交易所上市规则（试行）》关于合规的要求进行提示。这其中有很多禁止性规定，这些其实都是合规性的要求，不符合这些要求就无法上市。例如，第 2.1.4 规定：

"发行人申请公开发行并上市，不得存在下列情形：

"（一）最近 36 个月内，发行人及其控股股东、实际控制人，存在贪污、贿赂、侵占财产、挪用财产或者破坏社会主义市场经济秩序的刑事犯罪，存在欺诈发行、重大信息披露违法或者其他涉及国家安全、公共安全、生态安全、生产安全、公众健康安全等领域的重大违法行为。

"（二）最近 12 个月内，发行人及其控股股东、实际控制人、董事、监事、高级管理人员受到中国证监会及其派出机构行政处罚，或因证券市场违法违规行为受到全国中小企业股份转让系统有限责任企业（以下简称全国股转企业）、证券交易所等自律监管机构公开谴责。

"（三）发行人及其控股股东、实际控制人、董事、监事、高级管理人员因涉嫌犯罪正被司法机关立案侦查或涉嫌违法违规正被中国证监会及其派出机构立案调查，尚未有明确结论意见。

"（四）发行人及其控股股东、实际控制人被列入失信被执行人名单且情形尚未消除。

"（五）最近 36 个月内，未按照《证券法》和中国证监会的相关规定在每个会计年度结束之日起 4 个月内编制并披露年度报告，或者未在每个会计年度的上半年结束之日起 2 个月内编制并披露中期报告。

"（六）中国证监会和北交所规定的，对发行人经营稳定性、直接面向市场独立持续经营的能力具有重大不利影响，或者存在发行人利益受到损害等其他情形。"

（三）证监会《上市公司治理准则》的要求

证监会《上市公司治理准则》是在 2002 年的时候由证监会发布的，在 2018 年 9 月进行了修订。证监会的上市企业治理准则主要分九大方面，分别从股东与股东大会、董事与董事会、监事与监事会、高级管理人员与企业激励机制、控股股东及其关联方与上市企业、机构投资者及其他相关机构、利益相关者、环境保护与社会责任、信息披露与透明度这九个方面提出了要求。

前三个方面针对的是企业治理结构里面的三会，即股东大会、董事会、监事会。第四个方面针对经营管理层。第五个方面针对的是控股股东及其关联方，第六个方面针对的是其他机构投资者，第七个方面针对的是利益相关者，以上基本上都是针对主体提出的要求。第八个方面针对的是环保和社会责任，因为上市企业要履行自己的社会责任。第九个方面是对信息披露提出的要求。

现就核心的几个方面作简单介绍。

第一，关于股东与股东大会。股东大会主要是针对股东的权利和股东大会的设置提出的要求。股东权利主要针对的是股东都有什么权利，包括知情权、参与权，特别是要保护中小股东的平等地位等。

第二，关于董事会。要求董事会必须认真履行自己的职责，尤其是上市企业必须要设立独立董事。同时在上市企业准则里面有一个新的规定，即独立董事和符合条件的股东，可以向上市企业其他股东征集其在股东大会的投票权，投票权征集应当采取无偿的形式进行，并且向被征集人充分披露信息。征集投票权是关于投票权的一个创新，北交所上市也明确了这种制度。主要是为了保护中小股东的利益，因为他们没有董事会席位，无法发言，独立董事可以向这些中小股东征集意见，将意见统一起来，然后再集中反映。征集投票权，是因为单个股东可能凑不够投票权，但如果把具有一致意见的股东的投票权算上，能够侧重保护中小股东的利益。

第三，监事会的要求。监事会必须要履行监事会的职责，要让具有法律或会计专长的专业人士来组成监事会，要定期履行职责，定期召开监事会会议等。

第四，对控股股东和实际控制人的要求。保持对控股股东的要求，保持上市企业独立性。怎么独立？包括人员、资产、财务、机构、业务五独立。

第五，关于信息披露透明度的问题。因为上市企业信息披露要求比较高，尤其是企业一旦上市，以后要持续进行披露，所以上市企业准则里面针对信息披露的要求，是持续进行信息披露，保障信息的真实、准确、完整、及时性，而且要主动披露，信息也要便于理解等。

（四）如何合规

关于企业如何去合规，对于企业而言，首先要知道上市有哪些主要的合规要求。包括《证券法》，证监会关于上市企业治理的准则，上海证券交易所关于上市企业治理的指引、深圳证券交易所上市企业治理规范、北京证券交易所上市企业持续监管指引等。

下面从三个维度来阐述。

1. 要建立合规体系或者合规计划

因为合规不仅仅是上市的要求，也是企业上市后的要求。合规对于企业来说是免责，因为现在试点"合规不起诉"的政策。所以怎么证明合规？首先一定要有合规的体系或者合规计划。

2. 成立合规组织和合规团队

要有自己的合规组织和合规团队，成立如合规委员会、合规部门、合规总监这些角色和团队，使得企业建立的合规体系、流程、要求能够得到执行。

3. 制订专项的合规计划

因为很多时候合规是个大的概念，但同时也可以具体到某一个细节。例如，针对腐败或者针对商业贿赂，制订专门的合规计划，每年明确要求企业对外跟客户、政府部门吃饭，必须要作汇报，并且要有金额的限制等。建立专门合规计划，这样才能把合规落到实处。越来越多的企业开始重视合规，然后都在逐渐建立合规体系。

所以对于上市企业，需要在上市前抓紧把合规的体系、合规的团队组建起来，这样才能从总体上达到合规的要求。

二、财税合规

针对财税而言，一般要注意五点关于合规的风险。

（一）优化企业的财务状况

企业尤其要把财务的会计记账方法、过去的入账收入确认、报销的流程进行完善，避免因为企业的财税不合规、不规范而被否上市。

（二）完善审计和资产评估

企业在上市以前，尤其是在没计划上市之前，可能不做审计。但是如果决定要上市，一定要完善审计、资产评估的流程和程序，每年都要做审计，而且审计结果要经得起推敲，符合真实性的要求。

（三）完善财务报表

如果财务总监经验丰富，对财务报表会记录得比较完善，收入、支出、负债都写得比较明确，而且都有明确的依据，还有相关的会计凭证能够支撑。

（四）加强财务风险的管理

合规的一个要求就是要做风险管理，财务风险管理也非常重要。康美药业的会计账都是假账，风险非常高。很多时候也许主观上没有做假账，但是因为不了解会计准则，可能会存在一些会计差错，如有一些收入提前确认。这都存在风险，需要加强风险管理。

（五）梳理税务风险点及税务筹划

如果存在偷税漏税的嫌疑，可能会造成重大的违法违规，导致无法上市。所以同时也要做好税务筹划，合理的避税是可以做的，可以请专业机构去做税务筹划，以此减少企业的税务负担。

三、法律合规

怎样做到法律合规？一般要注意四点。

（一）完善企业的治理结构

完善企业的治理结构，包括股东大会、董事会、监事会，还有经营管理层需要有明确的运作流程等。同时在企业里面，一定要处理好董事会成员之间的关系，董事会构成很关键。这些构成里面哪些属于实际控制人控制的董事，哪些属于独立董事，还有哪些是投资人委派的董事。同时股东会里面一定要形成一致性，尽量不要出现僵局，这样就能够使得董事会有序运转。同时在企业的结构里面，一定要注意组织架构应比较规范。涉及的部门尽量避免一人多岗的情况出现，要专人专职，同时要有正向的企业文化，这都是从法律上完善组织结构的一个方面。

（二）要建立合规制度和流程

合规制度和流程的建设非常重要。比如要建立合同审批流程，要建立重大风险发现机制和解决机制；比如企业出现海关的罚款，如何去解决；有没有风险处理完成机制，比如企业有专门的分工委员会和委员会来统筹；如果企业的销售人员行贿，企业发现后怎么去处理，这都需要建立完善的合规制度流程。

（三）加强内控的管理

内控即保障控股企业之间是独立的，控制独立性等。内控其实范围也很广，各种风险的控制都属于内控。内部管理最典型的内控是什么？第一大内控是企业主内控，企业主内控是指企业在上市之前必须要保持三独立，人员、财产、资产、业务独立，还有场所独立。

（四）企业日常法律风险的防控

这也是法律合规的一个方面，日常风险中包括劳动风险、合同风险、收款风险、质量风险等都属于法律风险。

在防控角度，需要做好什么准备？做好事先风险的预测以及事后风险的缓释。企业需要这种应急机制，保证风险的缓释，前期在风险发生之前做好防控。这包括各种流程的完善，各种合同流程、谈判流程、付款流程都要按照有利于企业防范风险的角度去设置等，这都属于法律的合规。

关于如何从财税和法律合规角度顺利过审，在后面的章节会详细阐述。

作者观点

如何做企业合规？

我从事律师工作十几年，法律合规是基础工作。合规是个大话题，常谈常新，值得我们持续学习，并运用于企业合规实践中。作为计划上市的企业，如何做好合规呢？结合多年从事合规服务的经验，提出如下建议：

第一，企业从上到下要有合规的意识，使企业及企业内部成员行为符合法律法规、监管要求、行业规定和道德规范。合规绝不是挂在口头的词，而是要体现在意识和实践中，要对法律法规、商业伦理道德有敬畏之心，企业绝不能因为一点利益就罔顾国法和商业道德，只有合规才能持续增长。

第二，要建立合规体系和流程。要想把合规工作落到实处，就要建立合规体系和流程。我曾服务过一家世界500强药企，其专门制定了合规手册，并在董事会层面专门建立了合规委员会，实行一票否决制，只要合规委员会委员投反对票，提案就不能获得通过，而且每个子企业都有合规部，独立于其他所有部门，直接汇报给总部合规部，不受子企业总经理的约束。这样一来，企业从上到下都很清楚合规的意义和要求，并严格遵守，避免了很多合规的风险。

第三，要有壮士断腕的决心和勇气。一旦发生合规风险事件，要第一时间处理，即使是将参与犯罪的员工举报到司法部门，也应当毫不手软，绝不姑息。只有这样，才能保持企业的健康和长期发展。

第五节
上市的人手——组织准备

上市的组织准备需要分三步走，第一步需要设立完善的治理结构；第二步需要成立专门的上市小组，作为内部的部门去运转；第三步需要聘请专门的服务机构为上市提供服务。

一、 IPO 需要什么样的团队

上市与否对企业的要求是不一样的。对于不上市的企业来说，对组织要求不高。中国的上市企业相对于非上市企业来说是少了很多，但是它们都是优秀公司。与此相对应，从组织角度而言，上市组织也应当是由企业的核心人员组成的，包括外部团队的组织干将，所以从这个角度看一定要思考什么样的团队才能构成合格的组织。

（一）如何搭建完善的企业治理结构

因为企业治理结构是企业的顶层结构，只有搭建好的结构才能够为上市做好充分的准备。

从总体上讲，企业治理结构是四个维度——三会一层：作为企业权力机构的股东大会；作为企业决策机构的董事会；作为企业监督机构的监事会；作为企业执行机构的经营管理层。于是企业能形成一个权利大小不同但是有效率的层层分明的架构。一个规模大的上市企业要想规范地运营，离不开这四层结构的完备运营，尤其是董事会层面和经营管理层面，这是企业在实际运行中最关键的两层架构。

从企业角度看，三会一层是必不可少的，这是作为上市企业或者准备上市企业股改之后应达到的架构。日常运营层面主要靠什么？主要靠董事会的成员，包括董事长、总经理、执行经理，包括各个部门员工。有人可能好奇，企业里到底是董事会权力大还是总经理权力大，或者董事长还是总经理权力大，企业运营层面到底谁更重要？董事会肯定比总经理权力大，因为董事会是可以聘用或者解聘总经理的，但是董事长的权力是不是一定比总经理权力大？

从逻辑上理解，这需要看董事长在企业的权利的约定以及总经理的权利约定。例如，如果企业里的法人或者法定代表人是总经理，企业的对外代表是总经理，董事长可能就只是一个象征；如果企业法人、法定代表人是董事长，以及企业的党委书记是董事长等，董事长可能权力更大。这往往取决于在具体的运营层面，双方的权利约定和权力架构，但这两个角色是必不可少的，当然两个角色同时由一个人来兼任也没有问题，即董事长兼任总经理。

（二）内部团队和外部团队

IPO 到底需要什么样的团队？在企业设立好企业制的结构包括股东大会、董事会、监事会、经营管理层之后，接下来要搭建内部团队和外部团队。

1. 内部团队

（1）内部团队的构成。

内部团队一般是以董秘作为总协调人来协调整个内部的架构，同时要搭建职业经理人团队。在上市过程中需要有职业经理人，包括财务、人力、法务、销售等，而不应该全都是家族成员，否则就成为一个家族企业。企业需要打造市场化的职业技能团队。在此基础上要打造出色的财务团队，因为上市对财务的要求跟非上市对财务的要求是不一样的，上市财务必须公开透明，合法合规，严格按照会计准则的要求做。在这个过程中需要考验财务团队对财务准则的把握程度以及经验。同时上市能否成功也取决于各个部门的配合，因为上市是对多方面的考核。上市对前台业务有考核要求，对后台有提供各种数据和支持的要求，这需要由董秘来统筹和协调。

就内部而言，如何去成立专门的小组来组建团队？尽管一般是以董事会秘书作为总负责人，但是在小组上或者在整体架构上，一般不会是董事会秘书作为总的领导。在上市时，一般会构建至少5人以上的专门小组，董事长作为领头方，旗下有总经理、财务总监、董事会秘书、证券事务代表，以及其他一些高管。这样形成一个内部可以沟通协调的上市小组，而不仅仅是董秘一个人去对外对接。内部也需要有这种机构来统一协调，所以必须要成立专门小组。

对于一般企业而言，很少有多次上市的，基本上都是一次上市。作为第一次上市的企业，需要有这种机构来配合，形成一个决策机制。所以一般来说如果企业没有上市经验，很难满足上市对效率的要求。组建团队就可以利用团队的力量，尤其是像财务、董秘，各有各的专长，一起做集中的决策，这样能够避免一些错误。

（2）内部团队的总协调人。

在这个团队里面董秘是非常关键的角色，董秘是上市的先行官。董秘在上市里面属于承接、沟通内外的一个角色。对上市而言，董秘需要先去了解和判断企业有没有机会上市，有机会上市之后，董秘会跟董事长去沟通上市是否启动、如何启动等。同时董秘也是整个上市计划的具体执行者，上市计划怎么去执行，时间表如何推进，基本上都是董秘来处理，而不是董事长。因为董事长比较忙，除了上市之外，还需要负责企业管理，负责整个企业跟投资者或者股东之间的关系等。

交易所目前都有专门的董秘培训班，就是要提高董秘的素质，让董秘知道如何让企业在上市过程中能够符合上市的要求。董秘还需要考取专门的资格，有董秘资格之后，再进行上市的辅导会更加有经验，所以需要参加专业的培训。

2. 外部团队

（1）外部团队的总协调人。

从外部团队角度讲，总协调人主要是以财务顾问为代表，或者以保荐代表人为代表券商为代表，但有的企业有专门的财务顾问来做总协调人，会带领外部的中介机构，包括证券企业、律师、会计师、资产评估企业代表去协调分配工作，以及参与企业内部的讨论。比如如何去解答交易所和证监会的询问，如何编制发行说明书等，所以这两个角色是必不可少的。在外部团队一般都是以券商为代表，同时会有律师、会计师、资产评估企业等来做密切的配合。

（2）外部团队的具体职责。

首先，券商主要是组织中介来做尽调，以及企业上市之前要做规范合规。券商对上市企业进行辅导，同时编制企业上市材料，上交易所/证监会进行保荐，组织上市企业的路演，直接督导、股票的承销等。在整个服务机构里面，券商处于最核心的地位。

其次，律师需要做尽职调查。在做好尽职调查的前提下，需要协助企业从各个方面对企业进行规范。如参与制定股改方案，指导企业做各种变更，做各种合规动作等，还要出具法律意见书。

再次，会计师事务所也需要对企业进行审计，出具三年一期的审计报告，对企业进行验资，进行预测以及内控见证，还有针对税收财务报表等要出专业的审计意见，所以会计师也很关键。

最后，证券投资的资产评估机构需要对企业进行资产的清查，需要进行资产评估，出具资产评估报告。在股改过程中需要结合企业的资产评估来看企业净资产多少，股改价格定为多少合适等，这些都是必不可少的。

所以每一个服务机构都有自己的定位，扮演自己的角色，上市以前需要在企业设立内部机构，之后设立工作小组，再聘请服务机构尽快开展工作，以实现企业的上市计划。

二、如何选择中介机构？

如何选择中介机构，可能有些企业感觉困难。在选择中介机构的时候考虑的因素有哪些？

（一）选择中介机构的考虑因素

1. 要考虑中介机构是否具备证券的业务资格，或者有没有做过证券从业的备案

券商必须要有业务资格才能够开展业务，有的券商因为过去有过问题被证监会处罚，如 3 年或者 1 年不能从事投行业务，这种情况下肯定没有资格。律师现在不需要有证券同意资格，但是证监会要求备案，必须要经过备案才能够提供证券服务等。总之第一个前提是一定要核查对方是否有资格。

2. 中介机构的资源

要看中介机构有没有一些资源，尤其是行业资源。企业在选择中介机构的时候，要了解中介机构有没有在这个行业内的客户，有没有这个行业内的过去辅导的案例。如果有，那么他们在做这一段业务的时候就会比较得心应手，因为有类似的经验对行业理解也会比较深刻。

3. 要看中介机构本身的执业能力

执业能力包括经验和质量，执业年限，执业过程中做过多少案例，质量怎么样，有没有被证监会处罚过。

4. 机构费用是否合理

关于费用的问题，本书第三章第一节已经做过详细的分析，在此不再重复。一般而言，不同的机构报价会有不同，有 30％以内的波动都是正常的，但是如果中介机构费用特别离谱，企业需要慎重选择。

5. 中介机构的服务态度和工作效率

即使中介机构很厉害，排名很靠前，还是要看服务团队怎么样。因为有可能排名靠前的机构业务太多了，团队不一定都这么厉害，不一定能够完全地服务好企业。所以团队本身的服务态度和工作效率也是考虑中介机构的因素之一。

（二）根据企业自身的特点来匹配中介机构

在选择中介机构的时候，并不是说中介机构越大越好，越贵越好，一定要看看自己本身是什么样的企业。如果是中小企业，选择中介机构的时候，不一定要选择排名最高的中介机构，尤其是排名比较靠前的券商。排名越靠前的中介机构，他们的项目越多，每个项目上能投入的人手不一定够。而中小券商可能因为项目没那么多，所以他们对项目本身会非常重视，并且项目经理往往也非常资深，在项目上花的精力、时间会更多一些。所以一定要结合自己的特点来匹配中介机构，这样的话也能够让中介机构跟企业之间在配合上、服务的效果上达到最好，这是针对企业选择机构的一些建议。

企业通过业绩准备、股权准备、合规准备和组织准备，在做好这些准备的基础上，可望能够成功上市。

作 者 观 点

企业如何选择适合自己的中介机构？

在从事资本市场业务时，也经常会有企业找我推荐上市的团队，如券商、会计师。在这个过程中，我发现其他渠道如政府部门、当地商会、企业主的朋友等，也在推荐上市中介机构，从提交的介绍资料看，实力都很不错，因此企业也会犹豫和困惑，到底选择哪个机构呢？我的建议是：

第一，不着急下结论，可以邀请中介机构面谈，尤其是券商。券商在上市过程中的作用非常重要，一定要跟券商和项目负责人深入交流，只有这样才能判断其实力，不能仅凭某一方的介绍就草草定下来。我们可以看到，一些北交所上市企业的主办券商从挂牌开始被企业换了好几个，这无疑会增加企业的负担和上市的风险，最好一开始就开诚布公地沟通，达成一致再开始合作。

第二，一定要重视调研。一般而言，成熟的券商在正式合作之前，要邀请律师和会计师一起参与企业的调研，借此判断企业的实力和上市机会。有些券商明知企业有一些硬伤，怕企业打退堂鼓故意不提，抱着侥幸的心理合作。因此，企业应当积极参与调研，跟中介机构一起了解和探讨上市的问题，不能把上市的事完全甩给中介机构，要积极参与其中。

第三，要结合企业自身情况选择中介机构。我的经验是，中介机构并不是越大越好，一定要结合企业自身情况选择，尤其是要选择了解企业行业特点，最好是有本行业上市经验的中介机构。

第四，中介机构的服务态度和严谨性最重要。上市是长期艰苦的过程，踏实的服务态度和严谨的工作作风对于中介机构是最为关键的。

第 五 章

北交所上市的流程
和操作要点

　　本章讲的是北交所的操作流程和要点。北交所发行上市的整体流程分为以下几个阶段：准备阶段、股改阶段、挂牌阶段、申请上市阶段。我们首先从江苏威博液压股份有限企业（以下简称"威博液压"，股票代码：871245）的上市流程看北交所上市的全过程，在此基础上企业可以学会安排北交所上市时间表。做好上市准备后可以进行股份制改造，然后挂牌新三板，最后进行北交所上市。

第一节
从威博液压上市看北交所上市流程

这一节先来看北交所注册第一股威博液压的上市故事。为什么选择威博液压的上市流程作为案例？是因为首批北交所上市企业都是原来的精选层上市企业进行的平移，以及原来申请精选层的企业的过渡。威博液压是首家获得北交所批文的企业，也是北交所注册制下第一家获证监会同意注册的企业。也就是说，威博液压之前所有在北交所上市的企业，都是先在精选层挂牌，然后直接平移到北交所，这些企业的申请并不是以北交所上市的标准来做的，而是按照精选层挂牌的标准进行准备，尽管精选层的业绩条件和北交所上市的要求一样，但它们在合规要求、流程等方面有所区别。威博液压是完全按照北交所上市规则实现上市的第一家北交所上市企业，因此学习威博液压上市流程对于未来企业的上市非常具有借鉴意义。

一、威博液压的上市流程

（一）威博液压的审批过程

威博液压的上市申请是从 2021 年 6 月 30 日受理，2021 年

7 月 28 日问询，2021 年 11 月 26 日上市委员会会议通过，2021
年 12 月 2 日报送证监会，最后于 2021 年 12 月 14 日取得注册
结果，实现成功注册①，整个过程历经 6 个月。这也充分印证
了企业到北交所上市从受理到成功上市正常需要 6 个月左右的
时间。

（二）威博液压从成立到上市的过程

威博液压成立于 2003 年，2016 年进行股改，2017 年新三板
挂牌，2019 年更换主办券商，2021 年入选新三板创新层，同年
年底实现北交所上市。威博液压从成立到上市历经 18 年，可见
是一个厚积薄发的企业，底蕴深厚，而且企业从股改到上市历经
5 年，相对来说企业发展较稳定。

比较特别的是，威博液压进入创新层半年就上市，时间非
常短，这是如何做到的？根据北交所的上市要求，在基础层挂
牌满 12 个月然后第二年定期调整时调整到创新层，就可以马
上申报上市。大部分新三板企业早就在基础层挂牌满 12 个月
但未进入创新层，所以无法申报上市，但只要进入创新层就可
以迅速上市，这也是威博液压进入创新层半年就上市的原因。

---

① 北京证券交易所官网，项目详情，http：//www. bse. cn/audit/project _ news _
detail. html? id＝159，2022 年 2 月 4 日浏览。

二、威博液压上市对其他企业的借鉴意义

威博液压于 2017 年 4 月 5 日在基础层挂牌，2021 年 6 月 7 日调入到创新层，2021 年 12 月 30 日在北交所上市，从时间脉络上可以看出威博液压从进入创新层到上市只用了 7 个月。这个时间虽然短，但其实没有任何问题，因为它满足北交所上市条件，即在新三板挂牌满 12 个月且申报上市时已进入创新层的企业。很多企业的情况就是在新三板挂牌的时候是基础层的企业，也就是这样的企业只要在基础层挂牌满 12 个月，然后第二年定期调整到创新层，就可以申报上市。

这给想要上市的企业带来一定启发，即当企业满足挂牌条件时可以先在新三板挂牌，然后再逐步完善业绩要求，做好各方面准备，一旦企业调入创新层，就立即申请上市，这样可以在很大程度上节省时间成本。

这就是威博液压的上市流程，同时也是绝大多数企业在北交所的上市路径，即企业先进行股改，在基础层挂牌满一年调入创新层，最后申请上市。

三、北交所上市时间表

看了威博液压上市的过程，我们是否可以大致测算一下企业（有限责任企业）筹备上市的时间表？看看需要花多长时间才能顺利上市。

我们知道，在新三板挂牌满 12 个月，并且进入到创新层后就可以向北交所提交上市申请。假如一家企业从 2022 年 1 月 1 日开始启动上市流程，但是前期任何工作都没有准备，那么在 2023 年 12 月 31 日之前来得及上市吗？假如时间上来得及，又该如何筹划上市流程呢？对此可以作如下预演：

2022 年 1—3 月聘请中介开展尽职调查，按照中介要求规范运作；

2022 年 4—5 月出具 2020—2021 年审计报告；

2022 年 4—6 月完成股份制改造；

2022 年 7 月完成新三板挂牌材料申报；

2022 年 9 月完成新三板挂牌并进入基础层；

2023 年 4 月调整进入创新层；

2023 年 5 月启动上市辅导工作；

2023 年 9 月完成北交所 IPO 材料申报（挂牌满一年）；

2023 年 11 月完成北交所 IPO 注册；

2023 年 12 月公开发行股票并进入北交所 IPO 上市。

根据目前的推演，是否就意味着 2023 年 12 月 31 日前能完成上市呢？事实上，很难达到这个预期，这个推演也只是一个理想状态，任何流程出现问题，就无法在 2023 年 12 月 31 日之前完成上市，因此预留三年的时间会更加合理。

前文讲过，在北交所发行上市的整体流程分为四个阶段：准备阶段、股改阶段、挂牌阶段、申请上市阶段。准备阶段已经在本书第四章进行了详细的描述，本节会详细分析后面的三个阶段，即股改阶段、挂牌阶段、申请上市阶段。

作者观点

如何合理安排上市的时间表？

我在为创业企业提供咨询服务的过程中，经常遇到企业主提出的一个问题：如何合理安排上市的时间表？如果节奏安排得太紧凑，业绩达不到或工作效率跟不上就会完不成，而如果节奏安排得太松，又不符合投资人的时间要求（投资人对上市时间有限制）。因此，制定松紧适度并能够完成的时间表对于推进上市工作至关重要。

关于上市时间表安排的问题，主要考虑三个方面，一是业绩增长进度，安排上市时间表其实也是确定业绩增长预期的过程，需要把上市进度和企业业绩增长速度挂钩；二是给合规整改留出充足时间，因为整改过程是必不可少的，如补税、补缴社保、补办土地和房屋手续等；三是给交易所的问询和反馈预留时间，因为问询和反馈的过程不仅仅只是回答问题，还有可能需要作出一些承诺和保证，甚至需要政府部门出具谅解函，这都需要一定的时间。

第二节
股份制改造的过程

股份制改造是上市过程中的必经之路，如果想要上市之路走得顺畅，首先要进行股份制改造，将企业由有限责任企业改制成股份有限企业。

可能有人会问，为什么要将有限责任企业改制成股份有限企业？或者企业为什么要设立有限责任企业，而不是一开始就设股份有限企业？这要从有限责任企业和股份有限企业的区别开始说起。有限责任企业设立相对比较简单，对注册资本、股东的要求也不高。但股份有限企业设立更复杂一些，对股东要求更高。所以基本上大部分企业刚创立的时候都是设立有限责任企业。另外一点，只有将有限责任企业改制成股份有限企业，才能满足上市的基本要求，因为《公司法》和《证券法》都要求必须是股份有限企业作为上市主体。

　　首先我们需要了解，到底什么是股份制改造？股份制改造有什么要求？法律法规上有哪些强制性规定和限制？在实践操作上有哪些流程？需要哪些文件？有哪些操作难点？通过这些问题的梳理，我们就能够比较清楚地了解如何实施股份制改造，打好上市的基础。

一、股份制改造的内容、目的与原则

（一）股份制改造的定义

　　广义的股份制改造有多种含义，包括有限责任企业改制成股份有限企业，全民所有制企业变成股份制企业，集体企业进行股份制改革等。本书讲的股份制改造仅指有限责任企业改制成股份有限企业。

　　股份制改造是指企业通过对业务、治理结构、财务等方面的改革与重组，将组织形式变更为股份有限企业的全部过程。依据我国《公司法》《证券法》等法律法规，采取公开发行股票方式进行融资的企业，必须具备股份有限企业的组织形式，因此，对于非股份制企业来说，进行股份制改造是企业公开发行股票并挂牌、上市所必需的前期准备工作。

　　股份制改造涉及的法规包括但不限于：《中华人民共和国公

司法》《中华人民共和国证券法》《中华人民共和国公司登记管理条例》《首次公开发行股票并上市管理办法》《最高人民法院关于审理与企业改制相关的民事纠纷案件若干问题的规定》。

有人担心做股改花钱，在此提示一点，对于做股改，政府一般是有补贴的，每个地方政府补贴不一样，一般是从二三十万元到四五十万元不等，当然企业挂牌新三板和上市也都是有补贴的，而且更高，所以企业实际上花在股改上的费用并不多。

（二）股份制改造的内容

既然要做股份制改造，那么首先要明白改造哪些内容？一家企业从有限责任企业改造成股份有限企业，要改的内容非常多。

我们以一个案例来演练如何进行股份制改造。假如现在有这么一家企业计划上市，如何做股份制改造？甲企业目前只有一个股东，就是企业主，企业的不少员工还是他的亲戚。企业注册资本 500 万元，企业净资产评估 1.2 亿元，企业下面还有几家控股和参股子企业。有的子企业盈利比较多，有的子企业连年亏损。企业没有设董事会，也没有设监事会，也没有董事会秘书。

第一，从企业形式上讲，需要在工商登记上从有限责任企业变更为股份有限企业。所以，甲企业需要进行核名，把某某有限责任企业改名为某某股份有限企业。

第二，要进行股权结构的改造。我们看到甲企业股东只有一个人，这符合股份有限企业的要求吗？显然不符合。《公司法》

规定股份有限企业的发起人必须是 2～200 人。一般股东人数多一些显得更加完整和规范。那怎么做呢？首先我们要了解，一个完善的股权结构应当包括五类股东。第一类是创始人，第二类是合伙人，第三类是员工，第四类是资源股东，第五类是投资股东，也就是投资人。如果我们想在上市前搭建一个完善的股权结构，需要考虑引进后面这四类股东，而不仅仅只有创始人股东。总体来说，需要把利益相关者纳入企业的股权结构里面，成为企业的股东，一起为上市努力。另外也需要考虑把我们的核心团队，也就是将合伙人吸纳为企业股东。因为上市规则要求上市前三年，企业的核心管理层要保持稳定。怎么保持稳定？用股权把大家绑定，至少到上市。要把我们的核心员工和团队吸纳为企业股东，这就需要做股权激励。同时，也要考虑引入资源股东，特别是产业链上下游的合作伙伴、代理方，这样双方的利益绑定得更紧，他们更愿意为企业长远利益服务。最后，我们需要吸纳投资人，无论是战略投资人，还是财务投资人我们都欢迎，目的是通过他们融钱融资源。所以股份制改造的一个目的是，要在股份改造前或同时，打造完善的股权结构。通过股权融资、股权激励、合伙人制度，把利益相关方拉到企业这条船上来，一起开往上市的航道。

　　第三，注册资本的变化。原来注册资本多少万对应的是每个人持股比例。现在需要改成股本金额，共多少股，每股多少元。这是两种截然不同的表述方式。我们看到，甲企业的注册资本是

500万元，但是净资产评估是1.2亿元。中间差额为什么会这么大，差别如何处理？因为注册资本并不表示企业的净资产。企业经过长期的发展，会有大量的利润和收入产生。这些收入和利润，如果不用来分红，就会沉淀在企业，形成企业的净资产的增加。所以，在进行股份制改造的时候需要对企业的净资产进行审计和评估。根据净资产审计和评估的结果确定企业改制成股份有限企业后的注册资本。假设甲企业审计后的净资产评估1.2亿元，那么完全可以让甲企业的注册资本设定为一个整数，即1亿元。那多余的2000万元去哪儿了？多余的2000万元计入资本公积。企业股本总额为1亿元，资本公积2000万元。

第四，要建立三会一层的现代企业治理结构。我们看到，甲企业没有设立董事会也没有设立监事会，没有独董，也没有董秘，这显然不符合股份有限企业的要求。我们首先来回顾一下相关法律对现代企业治理结构的要求。《公司法》规定股份有限企业必须设董事会，人数为5～19人。也必须设监事会，最低人数为3人。此外，董事会必须要有董事长，也必须要有1/3以上的独立董事和董事会秘书。监事会也要设监事长。还有要有相关股东大会、董事会、监事会的议事规则。并且股份企业需要由董事会聘任总经理、副总经理、财务负责人等高级管理人员。这些都是股改之后要达到的目标。

第五，法律文本的准备。在整个股份制改造过程中，涉及很多复杂的法律文本。每一个步骤都需要有相应的法律文本。要进行留痕，包括股改开始时董事会要决议进行股改和审计评估，选举董事会、监事会成员、签署发起人协议等。这个过程需要非常严谨，并且按照相关的程序规定去做。

（三）股份制改造的目的

1. 建立规范的企业治理结构

股份制改造可以实现企业投资主体的多元化，明晰产权关系，建立起以股东大会、董事会、监事会、总经理分权与制衡为特征的企业治理结构，将企业直接置于市场的竞争与监督之中，使企业的经营情况能够被迅速地反映出来，企业经营者的业绩也直接由市场加以评价，较好地建立起企业竞争机制、激励机制和管理结构，以促进企业的发展。股份有限企业是比有限责任企业更高级的组织状态，体现了投资者众多的资本联合性特点。因此进行股份制改造，可以建立更为完善、更为先进的企业组织结构。把所有权和经营管理权以更为完善的组织形态来体现。

甲企业进行股份制改造，首先需要建立完善的股权结构，引进新的股东，在建立了股东大会后由股东们一起通过股东大会来做重要的决策。其次，要建立董事会。董事会成员不仅包括大股东委派的人员，还包括小股东推荐的人员以及独立董事。这样一来，董事会就是一个相对能体现大家共同意志的机构，容易形成合力。除此之外还要组建监事会，对董事和高管进行监督，保护股东的利益。由此可见，通过完善企业的治理结构，作为未来上市企业的组织保障。

2. 筹措资金

股份有限企业通过发行股票，能够在短期内将分散在社会上的闲散资金集中起来，筹集到扩大生产、规模经营所需要的巨额资本，从而增强企业发展能力。特别是对于拟上市或挂牌的企业，股份制改造能否顺利完成直接决定了能否上市或挂牌成功。

在做股份制改造前或者改造时，也可以引进投资者对企业进行投资。股份制改造本身也是一个积极信号，表明企业有上市的计划和布局，投资者会更有信心。

3. 优化资源配置

通过股份制改造，能使企业产权有明确的归属，便于资产在全社会范围内流动，为调整产业结构提供良好的条件，有利于突破部门、地区和所有制的界限，协调各方利益，综合利用各部门、地区的投资能力，优化资源配置，推动企业的专业化发展和联合，调整不合理的产业结构。

4. 确立法人财产

规范的企业能够有效地实现出资者所有权与企业法人财产权的分离。在企业改组为股份企业后，企业拥有各出资者投资的各种财产而形成的法人财产权。企业法人财产的独立性是企业参与市场竞争的首要条件，是企业作为独立民事主体存在的基础，也是企业作为市场生存和发展主体的必要条件。对于国有企业来说，明确企业的法人财产权具有更为重要的意义。政府部门只有在尊重法人财产权独立的情况下，才有可能真正实现政企分开，推动股份企业的成长和发展。

（四）股份制改造的重要原则

有限责任企业按照具有证券期货相关业务资格的会计师事务所审计的原账面净资产值折股，整体变更为股份有限企业，尤其应当注意的是，整体变更不应改变历史成本计价原则，应以改制基准日经审计的原账面净资产值为依据，折合为股份有限企业股本，不应根据资产评估结果进行账务调整。

二、北交所上市企业佳先股份的股份制改造案例

安徽佳先功能助剂股份有限企业（股票代码：430489）是精选层挂牌企业（自动平移北交所首批上市企业），创立于2009年11月25日，由蚌埠佳先化工有限企业（以下简称"佳先有限"）整体变更而来。据安徽佳先功能助剂股份有限企业发布的《向不特定合格投资者公开发行股票说明书》①，其变更设立的主要过程如下。

---

① 北京证券交易所官网，上市企业公告，http：//www.bse.cn/disclosure/announcement.html，2022年2月4日浏览。

（1）2009 年 11 月 10 日，安徽省工商行政管理局核发了《企业名称变更核准通知书》（（蚌）登记名预核变字〔2009〕第 5028 号），核准企业名称为"安徽佳先功能助剂股份有限企业"（以下简称"佳先助剂"）。

（2）2009 年 11 月 24 日，鑫诚会计所出具了《审计报告》（皖鑫所审字〔2009〕第 182 号），对佳先有限截至 2009 年 11 月 10 日的财务报表进行了审计。

（3）2009 年 11 月 24 日，安徽鑫诚资产评估事务所（以下简称"鑫诚评估所"）出具了以 2009 年 11 月 10 日为评估基准日的《蚌埠佳先化工有限公司拟变更为股份有限公司资产评估报告》（鑫诚评报字〔2009〕第 11 号）。

（4）2009 年 11 月 24 日，蚌埠投资集团下发《关于成立安徽佳先功能助剂股份有限公司请示的批复》（蚌投〔2009〕114 号），同意佳先有限整体变更为股份有限企业。

（5）2009 年 11 月 24 日，佳先有限召开股东会，决定将企业类型由有限责任企业变更为股份有限企业，以佳先有限截至 2009 年 11 月 10 日经审计的净资产 24 138 559.86 元折成 1 275 万股作为股份有限企业的总股本（溢价部分列入企业资本公积），每股面值 1 元，佳先助剂注册资本为 1 275 万元。

（6）2009 年 11 月 24 日，佳先有限全体股东、蚌埠能源集团、蚌埠中城创业投资有限企业（以下简称"中城创投"）作为佳先助剂的发起人签订了《发起人协议》。

（7）2009 年 11 月 24 日，鑫诚会计所出具了《验资报告》（皖鑫所验字〔2009〕第 395 号），验证各发起人出资已全部缴纳。

（8）2009 年 11 月 24 日，佳先助剂召开创立大会（第一次股东大会），审议通过了企业章程、三会议事规则，选举产生了应由股东大会选举产生的企业第一届董事会董事、第一届监事会监事。

（9）2009 年 11 月 24 日，佳先助剂召开第一届董事会第一次会议，选举企业董事长，聘任企业总经理、副总经理、董事会秘书、财务负责人。

（10）2009 年 11 月 24 日，佳先助剂召开第一届监事会第一次会议，选举了企业监事会主席。

（11）2009 年 11 月 25 日，佳先助剂在蚌埠工商局依法登记，领取了注册号为 340300000026882 号的《企业法人营业执照》，设立时的注册资本与实收资本均为 1 275 万元。

不难发现，安徽佳先功能助剂股份有限企业的股份制改造过程与一般的股份制改造稍微有所不同。由于是国有控股企业，而且修改了企业名字，所以先进行了核名。核名通过后报控股股东进行审批。控股股东审批通过以后，才开始进行财务审计和资产评估，确定经审计后的净资产金额，进而确定企业变更成股份有限企业后的股本总额，多余部分进入资本公积，把溢价装入资本公积是常态。之后还进行了验资，然后在创立大会上通过了《公司章程》、议事规则，选举董事、监事，聘任相关高管。

三、股份制改造流程

上文分析了股份制改造的内容、要求，并分享了相关的案例。那么接下来我们需要了解如何具体开展股份制改造？我们先整体了解一下股份制改造的流程。以甲企业为例，分为三个阶段去进行股份制改造。第一阶段是股份制改造的前期准备，第二阶段是股份制改造的实施阶段，第三阶段是股份制改造的收尾阶段。

首先需要设立改制筹备小组，聘请中介机构进行尽职调查和制订初步的改革方案，通过董事会和股东大会表决后开始要签订发行人协议。然后办理名称的核准，因为把有限企业变成股份有限企业需要制定企业新的企业章程，股东要实际出资并由会计师来做验资。出资完之后召开创立大会，选举董事会、监事会成员，最后申请登记注册，股份企业正式成立。

整个股改的过程需要由券商、资产评估师、律师、会计师四个机构与企业一起配合才能完成。

（一）股份制改造的前期准备

甲企业前期准备需要做大量的工作，这也关系到改制的成功与否。前期准备阶段大致需要完成以下工作：

①企业初步拟定股改方案，该方案主要包括设立方式、发起

人数量、注册资本、股权结构和业务范围等。②制定改制工作时间表。③成立筹建委员会。筹建委员会需要由企业的高管牵头，各个业务部门配合。④聘请中介机构入场开始工作。包括 IPO 顾问、券商、律师事务所、会计师事务所、资产评估机构。⑤经办律师根据企业实际情况，完成各类股份制改造文件的准备工作，并保证其合法性。

针对甲企业的情况，由于需要先引进新股东，花的时间会比较多，需要尽快制定工作时间表。准备工作的时间长短，直接决定了整个股份制改造的时间周期。

（二）股份制改造的实施阶段

前期准备工作完成后即进入具体实施阶段，该阶段主要包括以下工作。

（1）有限责任企业召开董事会，确定启动股份制改造工作；确定股份制改造的基准日。如果有限企业没有董事会（只设执行董事），执行董事需要就启动股份制改造提交工作报告。

（2）资产评估机构对企业改制基准日的净资产值进行评估，出具《资产评估报告》（需要时）。会计师事务所对企业会计报表进行审计，出具《审计报告》。

（3）企业办理变更名称预核准。该名称预核准有效期为六个月。

（4）有限责任企业召开董事会，审议《审计报告》《评估报告》；审议改制方案，确定整体折股方案、出资方式、出资比例、变更企业类型等；提议召开股东会对事项做出决议，并将相关事项提交股东会批准。

（5）有限责任企业召开股东会，对董事会提交的各项议案进行审议。股东会应当提前 15 日通知全体股东（企业章程或全体股东另有约定的除外）。股东会作出变更企业形式的决议必须经代表三分之二以上表决权的股东通过。

（6）准备《股份公司发起人协议书》，发出召开股份企业创立大会暨第一次临时股东大会的通知。

（7）中介机构进行验资，出具《验资报告》。

（8）召开职工大会选举职工监事或者职工董事（需要时）。

（9）召开创立大会暨第一届临时股东大会，发起人应当在创立大会召开 15 日前将会议日期通知各认股人。

（10）股份企业召开董事会第一次会议，选举董事长；决定聘任总经理、财务负责人、董事会秘书等高级管理人员；批准《总经理工作制度》《财务管理制度》《信息披露管理制度》《董事会秘书工作制度》等。

（11）股份企业召开第一次监事会会议，选举监事会主席。

（12）企业准备整体变更为股份有限企业的相关申报资料，向工商行政管理部门申请变更登记。领取股份企业《企业法人营业执照》。

（三）收尾阶段

实施阶段结束后，并不意味着万事大吉。企业还要进行收尾，包括按照上市规则的要求来对企业的后续事项进行完善和整改。包括但不限于：

1. 修改完善企业各项内部管理制度

我们知道上市规则对企业内控制度有明确的要求，至少要实现财产独立、法人独立、人员独立、办公场所独立等独立性要求。因此完成股改以后要继续完善相关的要求。对甲企业而言，由于过去只是一个传统的民营企业和家族企业，传统的民企和家族企业在管理模式上肯定存在很多疏漏，也容易出现企业资产和股东资产混同、大股东随便用企业的钱等各种情况。做完股改以后，需要逐步建立现代企业管理制度，聘用职业经理人，而且各种管理要通过制度实现，而不是企业主个人单方意愿拍脑袋做就行。这也是未来上市企业的要求。

2. 进行相关资产权属变更，相关证照、银行账户名称变更

甲企业完成股份制改造，领取营业执照之后，还需要对相关的文件做变更，如各种资产权属，包括房产证上的名字、各种其他证照和银行账户的名字，都需要随之变更。

3. 制作股份企业印章，通知客户、债权债务人等企业改制更名事宜

由于企业名称已经改变，所以需要重新制作股份企业印章，包括公章、合同专用章等，还需要通知客户、债权债务人等企业

改制更名事宜，但不影响相关合同权利的享有和义务的履行（因为还是原来的主体）。

四、股份制改造的操作难点、风险点及建议

股份制改造过程比较复杂，在操作过程中涉及一些难点和风险点，现分析并建议如下。

（一）有限责任企业股东众多、股权结构复杂

《公司法》第七十八条规定，设立股份有限企业，应当有2～200人为发起人，其中须有半数以上的发起人在中国境内有住所。在有限责任企业股东众多、股权结构复杂的情况下，须根据有限责任企业的实际情况，调整股权结构，确定适格的股份有限企业发起人，不适格的股东进行剔除，再进行股份制改造。

（二）股改是否需要评估

有限责任企业变更为股份有限企业，由于变更的过程中发起人以净资产出资，就涉及是否需要进行评估的问题。

《公司法》第二十七条第二款规定："对作为出资的非货币财产应当评估作价，核实财产，不得高估或者低估作价。法律、行

政法规对评估作价有规定的，从其规定。"据此，非货币形式的出资都应进行评估。

对经审计后的净资产值进行评估的目的是为企业整体变更中净资产折股提供价值参考依据。如果没有评估，不能公允地证明企业的净资产评估值是否高于经审计的净资产值。

有限责任企业变更为股份有限企业涉及净资产折股的，一定要对净资产价值进行评估，为企业未来顺利挂牌/上市扫清障碍。

（三）与挂牌、上市计划相衔接

大多数企业都是在上市或挂牌的前夕才进行股改的。为了满足上市或挂牌规则中关于持续经营年限的要求，必须保证股改前后企业财务的连续性。证券主管部门认为，如果以有限企业的评估值为基础进行股改，财务上就中断了，经营年限就要从股份企业开始重新计算。因此，必须以审计值为基础进行股改。

但是，工商部门的意见则正好相反。他们认为，根据《公司法》第八十二条，净资产属于非货币资产，以净资产出资，应当评估作价，以评估值入账，否则可能造成出资不实。

如果遵守证券监管部门的要求，则无法办理工商变更登记；如果遵守工商部门的要求，则经营年限无法计算。企业经常陷入两难之中。常见的解决方法是，使评估值高于审计值，以审计值入账。这样既不用担心出资不实，又可以保证财务的连续性。

（四）净资产低于注册资本或为负数

《公司法》第九十五条规定：有限责任企业变更为股份有限企业时，折合的实收股本总额不得高于企业净资产额。有限责任企业变更为股份有限企业，为增加资本公开发行股份时，应当依法办理。

举例说明，某有限责任企业注册资本 1 000 万元，经审计，企业净资产只有 800 万元，企业经审计后的净资产低于实收资本。此时，有限责任企业便无法顺利变更为股份有限企业。

应对方案如下。

1. 减资完成后再进行股改

企业减资对债权人的影响很大，因此企业减资时为了保护债权人的利益，根据《公司法》的规定，减资需要严格履行法律规定的程序。

首先，编制资产负债表和财产清单。企业减资无论是对企业股东还是企业债权人，影响都很大，《公司法》提供了股东和债权人在企业减资过程中进行自我保护的方法。但是，无论是股东进行投票，还是企业债权人要求企业清偿债务或者提供担保，前提都是对企业的经营状况尤其是财务状况有一定了解，才可做出理智的决定，因此，企业需要减少注册资本时，必须编制资产负债表及财产清单。

其次，股东会（股东大会）做出减资决议。企业减资，往往伴随着股权结构的变动和股东利益的调整，在企业不依股东持股比例减资，尤其是在注销的情况下，更是如此；因此企业减资会直接引发企业股东之间的利益冲突。为了保证企业减资能够体现绝大多数股东的意志，根据《公司法》第四十四条、第六十条和第一百零三条的规定，就有限责任企业来讲，应当由股东会做出特别决议，即经代表三分之二以上表决权的股东通过才能进行；就股份有限企业来讲，应当由企业的股东大会做出特别决议，即必须经出席会议的股东所持表决权三分之二以上决议通过才能进行；就国有独资企业来讲，必须由国有资产监督管理机构决定。

再次，向债权人通知和公告。企业应当自做出减少注册资本决议之日起 10 日内通知债权人，并于 30 日内在报纸上公告。债权人自接到通知书之日起 30 日内，未接到通知书的自公告之日起 45 日内，有权要求企业清偿债务或者提供相应的担保。主要是为了保护企业债权人的利益。

最后，减资登记。企业减资以后，应当到工商登记机关办理变更登记手续，企业减资只有进行登记后，才能在法律上得到承认。

2. 以货币或其他出资方式对企业进行增资

（1）原股东通过货币出资溢价增资，部分出资转为企业资本公积金，企业整体变更时，以企业资本公积金转增企业注册资本，以此种方式避免企业净资产低于注册资本的情况。

（2）引进战略投资者、财务投资者对企业进行溢价增资。

（3）设立员工持股平台对企业进行溢价增资。

3. 原股东对企业的债权转为股权

所谓债权转股权是指企业债权人将其对企业享有的合法债权转为出资（认购股份），企业会计处理表现为其他应付款转为企业资本公积金，增加被投资企业注册资本的行为。

债转股所要履行的程序：

（1）经被投资企业的股东会决议通过。

（2）签订《债权转股权协议》。

（3）专项审计与资产评估。

（4）验资。

（5）工商局变更登记。

4. 调整改制基准日

无论是增资还是减资，因其程序的复杂性都可能会导致企业改制基准日的延后，所以企业可以主动调整股改基准日（审计基准日），以时间换空间，即企业未来几个月预期能持续盈利的前提下，推迟股改基准日，待企业净资产审计值（预估）大于或等于注册资本后进行股改。

有限责任企业整体变更为股份有限企业，通常的做法是原股东以有限责任企业在某一时间点的净资产，按照一定的比例进行折股，成立新的股份有限企业，原股东按照相同的比例持有股份有限企业的股权。

新设立的股份有限企业承接原有限责任企业的资产和负债，

其资产类和负债类的科目及余额保持不变，其净资产超过股份有限企业注册资本部分，计入资本公积，整体改制后，股份有限企业的盈余公积、未分配利润余额为 0。

在净资产折股的过程中，企业存在以净资产 1 比 1 折股或小于 1 比 1 折股两种可能性。在 1 比 1 折股的情况下，所有净资产均计入注册资本；以小于 1 比 1 进行折股，净资产超过注册资本部分以股本溢价计入资本公积。

（五）以房产、土地增资的税负问题

根据《土地增值税暂行条例》（2011 年修订）第二条的规定，对于转让国有土地使用权、地上建筑物及其附着物并取得收入的单位和个人需要按其所取得的增值额缴纳土地增值税。

根据《国家税务总局关于土地增值税一些具体问题规定的通知》（财税〔1995〕48 号）的第一条规定，涉及投资业务的土地增值税缴纳按以下原则处理：

（1）对于以房地产进行投资、联营的，投资、联营的一方以土地（房地产）作价入股进行投资或作为联营条件，将房地产转让到所投资、联营的企业中时，暂免征收土地增值税。

（2）对投资、联营企业将上述房地产再转让的，应征收土地增值税。

作 者 观 点

如果还没想好是否上市，是否有必要先做股份制改造？

很多人有误解，认为只有确定要上市才有必要进行股份制改造。其实不然。即使不上市，股份企业也有其相较于有限责任企业的明显优势，进行股份制改造也有很大的益处。主要体现在：

第一，股份有限企业的筹资能力强于有限责任企业。一是因为股份有限企业对发起人以外的股东人数没有上限要求，且募集设立的股份有限企业可以公开对外募集资本，从而可以广泛聚集社会闲散资金；二是因为股份有限企业的股东可以较为自由地对外转让其股份，不像有限责任企业那样需要其他过半数股东同意，这样可以减少股东向股份有限企业投资的顾虑。

第二，股份有限企业的组织结构更符合现代企业制度的要求和逻辑。现代企业制度的特点是通过法人治理结构实现股东的所有权和经营管理权的分离，实现产权明晰、权责明确的状态。由于股份有限企业的股东人数较多，所有权和经营权分离的情况更为明显，有利于职业经理人的产生和规范的法人治理结构的完善。

因此，即使没有想好是否上市，也可以先做股份制改造。

第三节
新三板挂牌流程

　　既然在北交所申请上市需要先在新三板挂牌，那么我们首先要了解在新三板挂牌的流程。目前新三板只有基础层和创新层，那么基础层是创新层的必备阶段吗？实际上并不是，企业既可以直接进创新层，也可以先进基础层再进创新层。那么，基础层和创新层该如何选择呢？

一、挂牌的选择

（一）基础层的挂牌选择

　　基础层的挂牌方式有三种模式可以选择。

　　第一种是向不超过 200 人的特定对象来发行和挂牌，这属于不公开发行。

　　第二种是向超过 200 人公开转让，或者是向不特定对象公开转让，无论是否超 200 人。

　　第三种是申请挂牌同时定向发行股票。因为申请挂牌时可以不发行，只是将股票挂上去，而挂牌同时发行是指既挂牌同时还进行增资，然后再定向发行给新的股东。所以挂牌和发行是两回事。

（二）创新层的挂牌选择

创新层除了前面的三种模式可以选择外，还可以选择申请挂牌同时定向发行股票并进入创新层，也就是企业在满足挂牌和定向发行的条件下可以直接申请创新层。申请创新层要求挂牌和定向发行同时做，而不只是挂牌，这是因为进入创新层不仅有业绩达标要求，还对股本、股东人数等有一定要求，只有挂牌同时定向发行来增加股东的人数，才可以达到申请创新层条件。

二、新三板挂牌整体流程

新三板的挂牌分五个步骤。

第一步先做尽职调查，调查过程中邀请券商、会计师、律师、评估机构来进行尽职调查以规范企业运行，调查时间一般是1~2个月。

第二步进行股份制改造，也就是股改，主要是确定股改方案、进行审计评估，内部决议后完成工商变更手续，设立股份有限企业。

第三步是制作申报文件，主要需要各中介机构完成，包括审计报告、律师法律意见书，券商的公开转让说明书及推荐报告等备案材料，时间一般是 3 个月。

第四步是主办券商内核，券商一般由质控和内核小组来进行审核。然后根据主办券商内核意见修改补充相关文件，时间一般是 1 个月。

第五步备案挂牌，就是将材料提交到全国中小企业股份转让系统，取得受理通知书，通过各种问询后可取得挂牌同意函，时间一般是 3 个月。

新三板挂牌的完整流程如图 5-1 所示。在逻辑上，无论是基础层还是创新层都是一样的，从尽职调查到完成挂牌一般需要七八个月到一年的时间，所以准备在北交所上市的企业应尽量留出一年左右的时间进行准备。

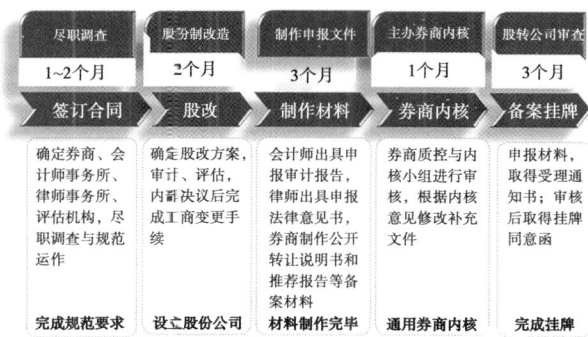

尽职调查	股份制改造	制作申报文件	主办券商内核	股转公司审查
1~2个月	2个月	3个月	1个月	3个月
签订合同	股改	制作材料	券商内核	备案挂牌
确定券商、会计师事务所、律师事务所、评估机构，尽职调查与规范运作	确定股改方案，审计、评估，内部决议后完成工商变更手续	会计师出具申报审计报告，律师出具申报法律意见书，券商制作公开转让说明书和推荐报告等备案材料	券商质控与内核小组进行审核，根据内核意见修改补充文件	申报材料，取得受理通知书；审核后取得挂牌同意函
完成规范要求	设立股份公司	材料制作完毕	通用券商内核	完成挂牌

图 5-1　新三板挂牌流程

三、基础层挂牌

（一）基础层挂牌的要求

基础层挂牌有以下几个核心要求。

第一是要依法设立且存续满两年。

第二是业务明确，具有持续的经营能力。

第三是企业治理机制比较健全，企业合法规范运营。尤其要满足四个条件：①企业应在每一个会计期间内形成与同期业务相关的运营记录，不能仅存在偶发性的交易；②最近两个完整会计年度的营业收入累计不低于1000万元，因研发周期长导致营业收入少于1000万元，但最近一期末净资产不少于3000万元的除外；③报告期末的股本不少于500万元；④报告期末每股净资产不低于1元，也就是不能存在资产下降的情形。

第四是股权明晰，股票发行和转让行为合法合规。

第五是主办券商推荐并持续督导。

第六是其他条件。

以上最核心的要求是最近两个完整会计年度的营业收入累计不低于1000万元。相对来说，基础层挂牌条件比较宽松，大部分企业基本都能够满足。

（二）基础层挂牌流程

基础层挂牌分三六步骤。第一步是向全国中小企业股份转让系统（以下简称"股转系统"）递交挂牌的申请；第二步是接受这个股转系统的反馈和审核；第三步是要做登记、结算以及公告。基础层具体挂牌流程如下。

首先，提交申请，包括公开转让说明书（申报稿）、审计报告、法律意见书、主办券商推荐报告、定向发行说明书（如有的话）、设置表决权差异安排的股东大会决议（如有的话）。

然后是审查，股转系统接收文件之后会进行相关的反馈审核，也就是对于提交的文件提出意见，自受理之日起10个交易日内出具首轮反馈意见，对企业进行反馈，如果无需出具反馈意见，则提请召开审查职能部门质控会进行审议。

接着，落实反馈，企业在接到反馈意见以后，需要由券商牵头落实反馈的意见，出具各种反馈回复，企业再将回复提交到股转系统。对股转企业的反馈意见一般要求在不超过10个交易日内提交书面回复文件。对于复杂的问题，如果时间不够可以申请延长反馈的时间，但延长期限最长不得超过30日。

最后，开户公告，股转系统同意挂牌后，由股转系统出具审查意见，是同意挂牌还是不同意挂牌。企业获得挂牌批复后，要在进行股东开户的同时在中国结算在线业务平台进行注册，取得证券代码的同时取得挂牌同意函，由股转系统来分配股票代码，并且进行股份的登记和存管，成为新三板挂牌企业后要在信息披露的同时股票进行挂牌。

这步完成就可以正式去挂牌、敲钟，对于上市企业来说敲钟也是高光、荣耀的时刻。挂牌、敲钟后就是进行公告。这就是基础层挂牌的基本流程，流程相对而言比较简单、快速。

基础层挂牌跟 IPO 相比有个明显区别，就是基础层挂牌只需要由股转系统出具同意挂牌或不同意挂牌的意见，无需证监会审核，这不同于之前 IPO 核准制下由证监会来进行审核，也不同于注册制下由证券交易所的上市委员会来审核并报证监会注册。

四、创新层挂牌

（一）进入创新层的条件

进入创新层有基础条件和附加条件两类。

1. 基础条件（满足其中一个条件即可）

第一，最近两年的净利润每年都要≥1 000 万元，最近两年的加权平均资产收益率均值≥8%，股本总额≥2 000 万元。这跟基础层条件不同，基础层要求最近两个完整会计年度的营业收入累计不低于 1 000 万元，而创新层要求每年都大于 1 000 万元，而且不是营业收入而是净利润，很明显这个要求要高很多。

第二，最近两年的营业收入均值≥6 000万元且持续增长，年均复合增长率≥50％，股本总额≥2 000万元。

第三，最近有成交的60个做市或集合竞价交易日的平均市值≥6亿元，股本总额≥5 000万元，采取做市交易模式的做市商≥6家。

2. 附加条件（同时具备）

第一，企业挂牌以来完成过定向发行股票（含优先股）且发行融资金额累计≥1 000万元。这也是过渡到创新层的要求。

第二，符合基础层（200万元门槛）条件的合格投资者（股东）人数≥50人，也就是股东人数要足够多。

第三，最近一年期末净资产不为负值。

第四，企业的治理结构健全，制定并披露了一系列的管理制度。

创新层也需要由挂牌企业主动递交申请，也就是企业不会自动进入创新层，还需要提供资料证明企业符合创新层的条件，尤其是业绩要求，这需要由挂牌企业或者主办券商来递交申请材料到股转系统，然后由股转系统审核。

需要注意的是，进入创新层并不是提交申请后会立即调整，而是在固定的时间统一进行调整。根据股转企业的规定，每年的4月30日开始启动调整，而且每年只调整一次，因此企业应该赶在4月30日之前递交企业从基础层调整到创新层的材料，如果错过就需要等到下一年才能调整。

（二）创新层挂牌流程

创新层挂牌流程分两种模式，无论是先进入基础层满 12 个月后再调入到创新层，还是进入创新层挂牌满 12 个月都可以。

第一种模式是调入创新层，这种模式下股转企业会对所有提交申请的基础层企业进行审核，根据审核情况对达到创新层要求的企业于每年 4 月 30 日统一进行调整。

第二种模式是直接挂牌创新层，在申请挂牌同时定向发行股票并进入创新层。定向发行并进入创新层的挂牌流程与基础层挂牌基本上是一样的，唯一不同的是它必须要有定向发行说明书，而基础层可以做定向发行，也可以只挂牌不做定向发行。定向发行并进入创新层挂牌具体步骤如下：由董事会做决议，然后股东大会审议之后由中介机构出具专项意见，提交发行申请文件，对此股转企业会进行审查，审查之后会出具审查意见，审查同意会进行相关的认购和缴款，然后双方签署资金监管协议，并且由会计师事务所进行验资，之后进行股票登记，再公告进入创新层。如果进入基础层挂牌的企业也进行定向发行，它的流程也会相应增加认购、缴款、验资，具体步骤与此相同。

作者观点

先挂牌基础层还是等条件达到了直接挂牌创新层？

一些企业比较困惑于先挂牌基础层还是等条件达到了直接挂牌创新层。我的建议是，如果企业立志于在北交所上市，可以先挂牌基础层，然后等达到条件后再挂牌创新层。这么做的好处在于：

第一，能够规范企业的治理。在挂牌过程中，中介机构会帮助企业建立起以股东会、董事会、监事会为基础的现代企业治理结构，梳理和规范业务流程和内部控制制度，从而大大提升企业经营决策的有效性和风险防控能力。在新三板挂牌后，主办券商还将持续对企业进行督导，保证挂牌企业的持续规范治理。

第二，有利于直接融资。由于全国中小企业股权转让系统有小额、快速融资的功能，挂牌企业可以在挂牌后直接进行融资，吸引投资人购买其股票。

第三，有利于股票转让。挂牌后，挂牌企业的股票可以在全国中小企业股份转让系统进行公开转让，既为现有股东、离职高管、创投机构等提供退出渠道，也为看好企业未来发展的外部投资者提供了入股的方便通道。

第四，有利于价值发现。挂牌后，全国中小企业股份转让系统的二级市场会充分挖掘挂牌企业的股权价值，优秀企业会更容易被人发现，从而有效提升企业的估值水平，充分体现企业的成长性。

第五，有利于增进信用。由于企业挂牌后成为了公众企业，履行了充分、及时、完整的信息披露义务，对信用增进非常明显，客户、合作伙伴对企业的信赖度明显提升，金融机构对挂牌企业的信用评级也会有明显提升，有利于企业的融资。

第四节
北交所上市的详细流程

当企业决定在北交所上市，做完股份制改造且已经在创新层挂牌后，就进入到申报上市的流程。北交所上市的具体流程分为九个步骤：第一步尽职调查和上市辅导；第二步发行材料制作；第三步券商内核；第四步保荐机构推荐和申报；第五步北交所上市委审核；第六步证监会注册；第七步发行准备和发行实施；第八步上市流通；第九步持续督导。

一、尽职调查和上市辅导

（一）尽职调查的主要内容
由中介机构对发行人基本情况、发行人的业务与技术、同业竞争与关联交易、董监高及核心技术人员、组织机构与内部控制、发行人的财务与会计、发行人的业务发展目标、募集资金使用、风险因素及其他重要事项等情况进行系统的尽职调查，具体包括九个方面的内容。

1. 发行人基本情况

发行人基本情况包括：改制与设立情况、历史沿革情况、发起人与股东的出资情况、重大股权变动情况、重大重组情况、主要股东情况、员工及独立性、业务独立性、资产权属及独立性、财务独立性、机构独立性、内部职工股情况、商业信用情况、控股子企业与参股企业情况。

2. 发行人的业务与技术

发行人的业务与技术包括：行业情况及竞争情况、采购情况、生产情况、销售情况、核心技术人员、技术与研发、环保情况。

3. 同业竞争与关联交易

同业竞争与关联交易包括：同业竞争情况、关联方及关联交易情况。

4. 董监高及核心技术人员

董监高及核心技术人员包括：任职情况及任职资格、经历及行为操守、胜任能力和勤勉尽责情况、薪酬及兼职情况、变动情况、持股及对外投资情况。

5. 组织机构与内部控制

组织机构与内部控制包括：企业章程及其规范运行情况、组织结构和"三会"运作情况、独立董事制度及其执行情况、内部控制环境、业务控制、信息系统控制、会计管理控制、内部控制的监督、股东资金占用情况。

6. 发行人的财务与会计

发行人的财务与会计包括：财务报告及相关财务资料、会计政策和会计估计、评估报告、内控鉴证报告、财务比率分析、销售收入、主营业务成本与销售毛利率、期间费用、非经常性损益、应收款项、存货、对外投资、固定资产、货币资金、无形资产、投资性房地产、借款、应付款项、现金流量、或有负债、合并报表的范围、纳税情况、盈利预测、递延所得税资产、商誉、递延收益、在建工程。

7. 发行人的业务发展目标

发行人的业务发展目标包括：发展战略、经营理念和经营模式、业务发展目标、募集资金投向与未来发展目标的关系。

8. 募集资金使用

募集资金使用包括：本次募集资金运用情况，募集资金投向产生的关联交易，募集资金运用对财务状况及经营成果影响，募集资金专项存储与使用情况。

9. 风险因素及其他重要事项

风险因素及其他重要事项包括：风险因素、重大合同、诉讼和担保、信息披露制度建设和执行情况、中介机构执业情况。

（二）上市辅导的程序

根据《首次公开发行股票并上市辅导监管规定》的要求，上市辅导的程序为：

（1）聘请辅导机构。辅导机构应是具有保荐资格的证券经营机构以及其他经有关部门认定的机构。

（2）与辅导机构签署辅导协议，并到股份企业所在地的证监局办理辅导备案登记手续。

（3）正式开始辅导。保荐机构和其他中介对企业进行问题诊断、专业培训和业务指导。完善组织机构和内部管理，规范企业行为，明确业务发展目标和募集资金投向。辅导期内，辅导机构应在每季度结束后15日内更新辅导工作进展情况报告。

（4）辅导机构针对股份企业存在的问题提出整改建议，督促股份企业完成整改。

（5）辅导机构对接受辅导的人员进行至少1次的书面考试。

（6）向当地证监局提交辅导评估申请。

（7）证监局验收，出具辅导监管报告。

（8）股份企业向社会公告准备发行股票的事宜。

（三）上市辅导的主要内容

（1）督促股份企业董事、监事、高级管理人员、持有5%以上（含5%）股份的股东（或其法定代表人）进行全面的法规知识学习或培训。

（2）督促股份企业按照有关规定初步建立符合现代企业制度要求的企业治理基础。

（3）核查股份企业在设立、改制重组、股权设置和转让、增资扩股、资产评估、资本验证等方面是否合法、有效，产权关系是否明晰，股权结构是否符合有关规定。

（4）督促股份企业实现独立运营，做到业务、资产、人员、财务、机构独立完整，主营业务突出，形成核心竞争力。

（5）督促股份企业规范与控股股东及其他关联方的关系。

（6）督促股份企业建立和完善规范的内部决策和控制制度，形成有效的财务、投资以及内部约束和激励制度。

（7）督促股份企业建立健全企业财务会计管理体系，杜绝会计造假。

（8）督促股份企业形成明确的业务发展目标和未来发展计划，制订可行的募股资金投向及其他投资项目的规划。

（9）对股份企业是否达到发行上市条件进行综合评估，协助开展首次公开发行股票的准备工作。

注意，辅导授课时间应不少于20小时，辅导期限原则上不少于90日。

二、发行材料制作

（一）检验企业是否达到申请公开发行股票的基本条件

在做完上市辅导后，企业和券商应当检验企业是否达到在北交所公开发行股票的基本条件，包括《北京证券交易所股票上市规则（试行）》规定的市值和财务标准、股本总额、股东人数、净资产要求等。

（二）为股票发行申请文件的制作做好准备工作

（1）聘请律师和具有证券业务资格的注册会计师分别着手开展核查验证和审计工作。

（2）和保荐机构共同制定初步发行方案，明确股票发行规模、发行价格、发行方式、募集资金投资项目及滚存利润的分配方式，并形成相关文件以供股东大会审议。

（3）对募集资金投资项目的可行性进行评估，并出具募集资金可行性研究报告；需要相关部门批准的募集资金投资项目，取得有关部门的批文。

（4）对于需要环保部门出具环保证明的设备、生产线等，应组织专门人员向环保部门申请环保测试，并获得环保部门出具的相关证明文件。

（5）整理企业最近 3 年的所得税纳税申报表，并向税务部门申请出具企业最近 3 年是否存在税收违规的证明。

（三）制作股票发行申请文件

股票发行申请文件主要包括以下内容：

（1）招股说明书及招股说明书摘要。

（2）最近 3 年审计报告及财务报告全文。

（3）股票发行方案与发行公告。

（4）保荐机构向证监会推荐企业发行股票的函。

（5）保荐机构关于企业申请文件的核查意见。

（6）辅导机构报证监局备案的《股票发行上市辅导汇总报告》。

（7）律师出具的法律意见书和律师工作报告。

（8）企业申请发行股票的报告。

（9）企业发行股票授权董事会处理有关事宜的股东大会决议。

（10）本次募集资金运用方案及股东大会的决议。

（11）有权部门对固定资产投资项目建议书的批准文件（如需要立项批文）。

（12）募集资金运用项目的可行性研究报告。

（13）股份企业设立的相关文件。

（14）其他相关文件，主要包括关于改制和重组方案的说明、关于近 3 年及最近的主要决策有效性的相关文件、关于同业竞争情况的说明、重大关联交易的说明、业务及募股投向符合环境保护要求的说明、原始财务报告及与申报财务报告的差异比较表及注册会计师对差异情况出具的意见、历次资产评估报告、历次验资报告、关于纳税情况的说明及注册会计师出具的鉴证意见等。

三、券商内核

（一）现场核查

主办券商召开内核会议前，应对推荐文件和挂牌申请文件、尽职调查工作底稿进行现场核查。

1. 现场核查的形式

券商根据申请挂牌企业所属行业特征制订现场核查计划，通过实地察看、访谈等方式了解项目基本情况和主要风险，对重点问题予以关注。

2. 现场核查报告的内容

现场核查报告的内容应包括项目名称、现场核查人员、核查时间、报告出具时间；现场核查概述，包括但不限于主要核查事项及核查方法；现场核查工作中发现的问题。

（二）内核会议

在进行了前期的内核现场核查后，券商就会召开内核会议。内核会议应在成员中指定注册会计师、律师及行业专家各一名，分别对项目小组中的财务会计事项调查人员、法律事项调查人员及行业分析师出具的调查意见进行审核，分别在其工作底稿中发表独立的审核意见，提交内核会议。

内核会议应对是否同意推荐申请挂牌企业股票挂牌进行表决。表决应采取记名投票方式，每人一票，三分之二以上赞成且指定注册会计师、律师和行业专家均为赞成票，则为通过。

四、保荐机构推荐和申报上市

券商内核通过之后，应当按照中国证监会有关规定制作注册申请文件，依法由保荐人保荐并向北交所申报。北交所收到注册申请文件后，应当在 5 个工作日内作出是否受理的决定。

北交所实行电子化审核，申请、受理、问询、回复等事项均通过北交所审核系统办理。发行人通过保荐机构以电子文档形式向北交所提交申请文件。受理当日，招股说明书等预先披露文件在北交所网站披露。

北交所受理后仅做形式审查，材料齐备的出具受理通知书，材料不齐备的，一次性告知补正。补正时限最长不超过 30 个工作日。保荐机构报送的发行上市申请文件在 12 个月内累计 2 次被不予受理的，自第 2 次收到北交所不予受理通知之日起 3 个月后，方可报送新的发行上市申请文件。

五、北交所上市委审核

(一)预审和反馈

自受理之日起 20 个工作日内,北交所审核机构通过审核系统发出首轮问询。首轮问询发出前,发行人、保荐机构、证券服务机构及其相关人员不得与审核人员接触,不得以任何形式干扰审核工作(静默期)。首轮问询发出后,发行人及其保荐机构、证券服务机构可与北交所审核机构进行沟通;确需当面沟通的,应当预约。

发行人及其保荐机构、证券服务机构应当及时、逐项回复审核问询事项。审核问询可多轮进行。发行人/中介机构需要在 20 个工作日内回复问询,至多延长不超过 20 个工作日。北交所审核机构认为不需要进一步问询的,出具审核报告并提请上市委员会审议。

在这个过程中,部分不符合北交所上市要求的企业会被"劝退";部分企业会选择主动"撤材料";部分企业可能会选择"带病上会",被否决的可能性就会比较大。

(二)上市委员会审议

问询和反馈后,由上市委员会召开审议会议,对申请文件和审核机构的审核报告进行审议,通过合议形成发行人是否符合发行条件、上市条件和信息披露要求的审议意见。上市委员会进行审议时要求对发行人及其保荐机构进行现场问询的，发行人代表及保荐代表人应当到会接受问询，回答上市委员会委员提出的问题。

北交所结合上市委员会审议意见，出具发行人符合发行条件、上市条件和信息披露要求的审核意见或作出终止发行上市审核的决定。

北交所自受理发行上市申请文件之日起2个月内形成审核意见，但发行人及其保荐机构、证券服务机构回复审核问询的时间，以及中止审核、请示有权机关、落实上市委员会意见、暂缓审议、处理会后事项、实施现场检查、实施现场督导、要求进行专项核查，并要求发行人补充、修改申请文件等情形，不计算在前述时限内。

注册申请文件受理后，未经中国证监会或者北交所同意，不得改动。其间发生重大事项的，上市企业、保荐人、证券服务机构应当及时向北交所报告，并按要求更新注册申请文件和信息披露资料。

六、证监会注册

（一）证监会接收材料和问询

北交所审核通过后，向中国证监会报送发行人符合发行条件、上市条件和信息披露要求的审核意见、相关审核资料和发行人的发行上市申请文件。

中国证监会收到北交所报送的审核意见、发行人注册申请文件及相关审核资料后，履行发行注册程序。发行注册主要会关注北交所发行上市审核内容有无遗漏，审核程序是否符合规定，以及发行人在发行条件和信息披露要求的重大方面是否符合相关规定。

中国证监会认为存在需要进一步说明或者落实事项的，可以要求北交所进一步问询。中国证监会认为北交所对影响发行条件的重大事项未予关注或者北交所的审核意见依据明显不充分的，可以退回北交所补充审核。北交所补充审核后，认为发行人符合发行条件和信息披露要求的，重新向中国证监会报送审核意见及相关资料，注册期限重新计算。

（二）证监会作出同意注册或不予注册的决定

中国证监会要在 20 个工作日内对发行人的注册申请作出同意注册或不予注册的决定。通过要求北交所进一步问询、要求保荐人和证券服务机构等对有关事项进行核查、对发行人现场检查等方式要求发行人补充、修改申请文件的时间不计算在内。

中国证监会的予以注册决定，自作出之日起一年内有效，发行人应当在注册决定有效期内发行股票，发行时点由发行人自主选择。北交所认为发行人不符合发行条件或者信息披露要求，作出终止发行上市审核决定，或者中国证监会作出不予注册决定的，自决定作出之日起 6 个月后，发行人可以再次提出公开发行股票并上市申请。

七、发行准备与发行实施

（一）发行准备阶段

在发行准备阶段，需要进行预路演，并准备估值分析报告，以及推介材料的策划，以便在股票发行的实施阶段能顺利募集到投资人。

（二）发行实施阶段

公开发行的实施阶段主要包括如下工作。

（1）刊登招股说明书摘要及发行公告。

（2）发行人通过现场推介或网上直播方式（采用网上竞价方式发行）进行发行路演。

（3）投资者通过各证券营业部申购新股。

（4）证券交易所对投资者的有效申购进行配号，将配号结果传输给各证券营业部。

（5）证券营业部向投资者公布配号结果。

（6）主承销商在公证机关监督下组织摇号抽签。

（7）主承销商在中国证监会指定报纸上公布中签结果，证券营业部张贴中签结果公告。

（8）各证券营业部向中签投资者收取新股认购款。

（9）中国证券登记结算企业进行清算交割和股东登记，并将募集资金划入主承销商指定账户。

（10）承销商将募集资金划入发行人指定账户。

（11）发行人聘请会计师事务所进行验资。

八、上市流通

（一）上市流通程序

（1）拟定股票代码与股票简称。股票发行申请文件通过发审会后，发行人即可提出股票代码与股票简称的申请，报交易所核定。

（2）上市申请。发行人股票发行完毕后，应及时向交易所上市委员会提出上市申请。

（3）审查批准。证券交易所上市委员会在收到上市申请文件并审查完毕后，发出上市通知书。

（4）签订上市协议书。发行人在收到上市通知后，应当与交易所签订上市协议书，以明确相互间的权利和义务。

（5）披露上市公告书。发行人在股票挂牌前3个工作日内，将上市公告书刊登在中国证监会指定报纸上。

（6）股票挂牌交易。申请上市的股票将根据交易所安排和上市公告书披露的上市日期挂牌交易。一般要求，股票发行后 7 个交易日内挂牌上市。

（二）价格机制

北交所上市首日不设涨跌幅限制，之后实行 30% 的价格涨跌幅限制，给予市场充分的价格博弈空间，充分发挥价格发现的作用效率。

九、持续督导

（一）持续督导的周期

保荐机构推荐发行人向不特定合格投资者公开发行股票在北交所上市的，应持续督导期为向不特定合格投资者公开发行股票上市当年剩余时间及其后 3 个完整会计年度；保荐机构推荐发行人在北交所上市后发行新股、可转换企业债券的，持续督导期为证券上市当年剩余时间及其后 2 个完整会计年度。

保荐持续督导期届满，上市企业募集资金尚未使用完毕的，保荐机构应继续履行募集资金相关的持续督导职责，如有其他尚未完结的保荐工作，保荐机构应当继续完成。

（二）持续督导内容

1. 规范运作

（1）督导上市企业及其董事、监事、高级管理人员遵守法律、法规、部门规章和北交所发布的业务规则及其他规范性文件，并切实履行其所作出的各项承诺。

（2）督导上市企业建立健全并有效执行企业治理制度，包括但不限于股东大会、董事会、监事会议事规则及董事、监事和高级管理人员的行为规范等。

（3）督导上市企业建立健全并有效执行内控制度，包括但不限于财务管理制度、会计核算制度和内部审计制度，以及募集资金使用、关联交易、对外担保、对外投资、衍生品交易、对子企业的控制等重大经营决策的程序与规则等。

（4）督导上市企业建立健全并有效执行信息披露制度、审阅信息披露及其他相关文件，并有充分理由确信上市企业向交易所提交的文件不存在虚假记载、误导性陈述或重大遗漏。

2. 信息披露督导

督导上市企业按照法律、法规、中国证监会及北交所有关信息披露的规定，进行正确的信息披露。

对上市企业或相关当事人违法违规的事项发表公开声明。

3. 就企业及控股股东的承诺督导

督导内容包括：同业竞争（有条件和无条件）；关联交易；资产融合；股份限售期；业绩预测及承诺；股权激励。

4. 募集资金使用及变更督导

督导内容包括：募集资金使用情况的督导；闲置募集资金补充流动资金的督导；募集资金变更的督导。

作者观点

什么情况会导致上市的进程被推迟？如何解决？

我在服务一些企业上市的过程中，发现会出现一些情况导致上市的进程被推迟，甚至使得企业最终放弃上市。具体有哪些情况呢？又该如何解决呢？

第一，合规。一些中小企业不重视合规的问题，不知道自己在合规方面的硬伤或抱着侥幸心理申请上市，但是被交易所或证监会问询后得不到好的反馈，最终被中止审查。

因此，合规问题必须提前进行评估，尽可能提前整改，避免因合规问题耽误上市进程。

第二，业绩。业绩不达标或不稳定也容易导致上市进程推迟，因为经营稳定性是上市审查时的关键一项，在做业绩预估时应尽可能保守一些，这样实现起来也容易一些。

第三，形势。宏观环境的变化、市场的变化或政策形势的变化都有可能导致上市进程的延迟。

针对这些情况，需要提前预判宏观形势，并审时度势，把握上市的机会，如先挂牌，提前布局。

第五节
北交所上市操作要点

我们分别从北交所的上市辅导阶段、上市审核阶段、发行流通阶段看一下有哪些操作要点。

一、上市辅导阶段的操作要点

（一）北京市证监局关于北交所上市辅导的要求

在新三板挂牌阶段，全国股转系统并没有对拟挂牌精选层企业的辅导时长提出统一的要求。而在北交所成立后，上市辅导工作有了进一步的规范，如北京证监局率先对拟在北交所上市的企业的辅导时长进行了明确规定。

北京证监局发布《关于北京辖区北交所拟上市公司辅导监管的有关通知》规定，关于辅导期，北交所拟上市企业辅导期原则上不少于 3 个月，确有特殊情况需要缩短辅导期的，保荐机构应出具专项申请，说明原因及保证辅导质量的措施，北京证监局将酌情把握。此外，北京证监局还强调各辅导机构应充分认识北京证券交易所服务创新型中小企业主阵地的定位，深入领会注册制改革下发行审核要求，履职尽责，发挥好"看门人"作用，切实提高辅导工作质量。

（二）上市辅导阶段的问题和建议

根据多年的工作经验和相关渠道的反馈，我们发现，部分拟上市企业对待上市辅导工作的态度存在一定的问题，典型的表现是这些企业在上市辅导期间，并没有把主要精力放到规范和整改上，没有在辅导过程中认真学习资本市场的规则和要求，而是认为上市辅导只是程序要求，走走过场而已，没有认识到上市辅导是提升拟上市企业的规范化管理水平的重要途径，是上市过程的重要一环，导致在上市的道路上走得越远，越会发现企业自身存在的合规问题没有解决；还有些企业认为上市的中介机构是自己花钱请来的，应当听企业的，经常对辅导上市的中介机构提出的建议和整改措施充耳不闻，没有真正落实到位，导致存在的规范问题一直没有得到解决，进而影响上市的进程和上市的结果。这些都是得不偿失的做法。

针对企业在上市辅导过程中存在的问题，下面提出以下建议。

1. 树立正确的上市理念，踏实完成上市辅导

我们上市的目的是什么？是为了上市套现吗？是为了上市后

当甩手掌柜吗？显然不是。上市是为了能够更便捷地融资，借助资本市场的力量推动企业更快更好地发展。既然如此，我们就不能目光狭窄，只是为了应付上市而配合上市辅导，而应该想着借助上市辅导，对企业进行进一步的规范，让自身的企业变成结构治理健全、经营业绩优良、发展潜力充分的企业，只有这样才能够进入资本市场进行融资，经得起资本市场的考验和选择。

因此，拟上市企业应当好好利用上市辅导阶段，认真听取辅导机构提出的建议和整改措施，借此机会建立健全企业治理结构，梳理和解决历史遗留问题等，争取尽快达到上市的要求，早日跨入资本市场的大门，这才是正确的上市理念。

2. 选好用好辅导机构

上市辅导机构包括券商、律师、审计和资产评估机构，要想取得比较好的辅导效果，这些中介机构的作用非常大，因此一定要选好中介机构，使得这些中介机构在上市辅导过程中相互协调和配合，明确各自的分工并形成有机统一的整体。在选择中介机构时，主要考虑费用、服务态度、执业能力、执业经验和执业质量等核心要素。

除此之外，还要用好中介机构，让中介机构充分发挥各自的作用和价值。要顺利完成辅导和上市，企业与中介机构之间必须充分信任和支持，及时沟通并解决问题。一方面，企业应当向中介机构提供企业的有关资料和细节，不能有重大隐瞒或遗漏，否则即使上市成功也有可能遭到监管机构的处罚。企业应当尊重中介机构，虚心听取其合理的建议并尊重他们的专业判断，但也不能过分迷信中介机构的经验，企业自身也应当要有自己的理性判断，双方充分沟通达成一致。

3. 戒骄戒躁，克服畏难情绪

上市是一个相对长的过程，需要至少两三年的时间，在这个过程中，企业容易出现畏难情绪，遇到问题就想打退堂鼓，而不是直面问题，解决问题。也有的企业抱着侥幸的心态，发现问题但不解决，抱着试试看的态度准备上市，结果没能上市，功亏一篑。

在上市辅导过程中，如果遇到难题，一定要积极对待，跟中介机构一起协商、稳妥解决这些难题。

二、上市审核阶段的操作要点

（一）审核理念

鉴于申请北交所上市的企业主要是中小企业，在规范性上跟其他板块可能有一定差距。北交所上市的审核原则是"坚持底线，适度包容"，鼓励企业逐步整改上市。对于拟上市企业在其成长的特定阶段存在的问题以及承诺规范事项，即使通过上市审核，后续的监管和持续督导过程中仍然会纳入，持续进行整改，直至完成。

（二）审核阶段如何积极配合？

（1）在提交材料后的静默期（即北交所已经接收材料但是还未发出首轮问询的阶段），不得与审核人员接触，不干扰审核工作；首轮问询发出后，可进行沟通。

（2）注意审核方式与手段多样化，包括但不限于约见问询、调阅资料、对发行人与保荐机构进行现场检查。

（3）把握信息披露的时间：问询发出时披露；回复文件收到后披露；发出上市委审议会议通知时披露。

信息披露豁免情形：如果拟披露信息属于国家秘密、商业秘密的，可豁免披露，但应当说明豁免披露的理由。

（三）审核关注事项

在上市审核过程中，以下问题往往会成为关注的重点。

1. 执业质量问题

（1）尽职调查不充分。如对与关联方共用办公地点等事项，仅依据关联方出具的简要说明及相关访谈记录发表意见，无其他核查过程，未充分核查三张财务报表间明显不勾稽的情形，导致出现明显列报错误等。

（2）专业判断不谨慎。如因前期专业判断不谨慎，导致申报文件中的财务报表存在会计差错等。

（3）申报文件质量粗糙。如披露文件的内容前后不一致，与定期报告披露内容不一致，业务收入、部分年度合同总金额、应付账款等数据披露错误，行政处罚等重要事项未完整披露等。

此外还包括：漏答问题、遗漏发表意见，回复文件前后不一致或与其他文件不一致等。

（4）签字人员不熟悉项目。如保荐代表人在上会时无法有效答复委员现场问询的问题，显得对项目本身不了解。背后的原因有可能是项目多，没有参与相关工作，或者是被其他人借用保荐代表资质等。

（5）保荐工作报告和工作底稿缺失或制作不规范。如访谈记录缺失，固定资产关键要素核查记录不完整，未完整记录现金交易测试程序等。总之，是未严格按《投行内控指引》要求对项目实施质量控制。

2. 对重大违法违规行为的问询

问询内容诸如针对企业曾被行政处罚的情况，进一步问询被处罚的原因、后续整改的措施、被处罚的因素是否消除等。还例如，通过现场检查，发现企业的收入链条存在造假：虚增存款、虚构循环购销业务、虚构研发支出、虚构处置资产等。

3. 中介机构未勤勉尽责，核查存在缺陷

针对这种情况，往往会视情节轻重进行口头警示、约见谈话、出具警示函甚至进行处罚。

三、发行流通环节的操作要点

北交所对企业拟公开发行股票的审核通过且证监会出具同意注册的决定，并不意味着上市过程的结束，而只有顺利完成股票的发行流通才是上市过程的圆满结束。在这个过程中，一般会存在什么样的问题？

（一）承销商的选择

要想让股票顺利发行，需要选择一家好的承销商，甚至组成一个承销商团。例如，中国农业银行在"A＋H"股上市过程中，就组成了一个豪华承销团，包括中金企业、中信证券、银河证券、国泰君安证券等 4 家 A 股主承销商和 7 家 H 股主承销商。

保荐机构与承销商是同一家券商吗？很多人并没有弄清楚这两者的区别。实际上，保荐机构与券商可以不是一家。因为双方承担的功能、职责不一样。保荐机构是指按照《证券发行上市保荐制度暂行办法》规定的条件和程序，经中国证监会批准注册登记的证券经营机构（证券企业），其主要职责是尽职推荐发行人证券发行上市，上市后持续督导发行人履行规范运作、信守承诺、信息披露等义务。而主承销商是指在承销团中起主要作用的承销商，是代表承销团与发行人签订承销合同的实力较雄厚的大证券企业（或商业银行），一般由竞标或协商确定，其主要职责是负责组建承销团，代表承销团与发行人签订承销协议等文件，决定承销团成员的承销份额等。承销团的成员确定后，主承销商应负责与其他承销商签订分销协议，明确承销团各个成员的权利和义务，包括各成员推销证券的数量和获得的报酬，承销团及其合同的终止期限等。

如何选择承销商尤其是主承销商呢？应主要考虑承销商的声誉和资金实力，以及以往承销的经验与专业能力，还有与其他承销商之间的配合程度和分配能力。

（二）定价问题

定价（确定发行价格）问题往往是股票发行过程中的一个核心问题。发行人肯定希望股票发行价格越高越好，这样同样的股票发行数量可以融到更多的资金。但是，承销商并不希望发行价格太高，因为太高的发行价格会脱离发行人的经营情况和财务状况，承销商在股票路演和销售过程中的压力就比较大，所以股票发行价格往往需要在股票承销风险和募集资金规模之间寻找平衡点。具体如何寻找合适的价格？一般会经历这样的过程：预路演、路演推介、询价和最终定价。

北交所明确了三种定价方式，包括网下询价、直接定价和网上竞价。其中，通过网上竞价方式来定价属于北交所特有，包括科创板、创业板等注册制新股的定价一般是网下询价或者直接定价。

北交所明确了采取网上竞价方式确定发行价格的相关要求。

股票采用网上竞价方式公开发行并在北交所上市的，发行人和主承销商应当至少采用互联网方式向公众投资者进行公开路演推介，主承销商应当公开披露投资价值研究报告，并参照《注册制下首次公开发行股票承销规范》要求报送相关材料。

《北交所证券发行与承销管理细则》对竞价发行有明确的规定。股票采用竞价方式公开发行的，除董监高等群体外，均可参与申购。每个投资者只能申报一次。申购信息应当包括每股价格和对应的拟申购股数。

作者观点

球冠电缆如何顺利在北交所上市？

我所在律师事务所有幸为首批北交所上市企业宁波球冠电缆股份有限企业（股票代码：834682）的精选层提供法律服务，在此分享一下其顺利在北交所上市的经验。

根据球冠电缆发布的《向不特定合格投资者公开发行股票说明书》[①]，球冠电缆于 2020 年 6 月 17 日获得证监会的核准结果，

---

① 北京证券交易所官网，上市企业公告，http：//www.bse.cn/disclosure/announcement.html，2022 年 2 月 5 日浏览。

顺利挂牌精选层，之后再平移到北交所上市。

首先，由于球冠电缆是精选层平移北交所上市，不用再走一遍上市的审批注册流程，占了一定的政策红利优势。这也反映了一个问题，如果能够上市，需要尽快启动，因为不排除上市的标准和要求趋严的可能性，尤其是在申请上市的企业越来越多的情况下。

其次，市场充分竞争。企业的主营业务为电线电缆研发、生产、销售，而电线电缆行业属于市场充分竞争的行业，如何在这个行业脱颖而出？随着国内外经济形势的变化，以及我国电线电缆行业的发展，行业相对分散，市场集中度低，且有国外竞争对手加入市场竞争，这就需要判断这个行业有没有一定的壁垒和长期发展的潜力。有壁垒就会形成护城河，让达不到要求的企业逐步被市场淘汰。电线电缆行业有一定的资质壁垒和技术壁垒。从资质壁垒角度看，我国政府对电线电缆等产品的生产和制造采取颁发生产许可证方式进行行业管理。与此同时，生产强制性认证类产品的电线电缆企业，还需获得中国质量认证中心的 CCC 认证；如果企业生产的线缆产品需要供给特定行业或者生产特殊用途的产品，还需要取得该行业或特殊用途产品的生产资质和认证。此外，如果是应用于煤矿、核电等特种行业的电线电缆产品，也需要取得有关部门授权的相关资质许可，方可获准生产和销售。电线电缆行业分门别类的资质审核制度给新进入企业以很高的资质壁垒，新进入企业很难在短时间内形成多产品的覆盖。

从技术壁垒角度看，电线电缆的制造包括材料选配、处理、精加工和结构组合等许多环节。传统的中低压电线电缆产品技术含量较低较易进入，但市场竞争激烈；高压、超高压电缆等高端产品对技术要求较高，技术壁垒较大。线缆产品从试制到真正完成开发，需要经过研发、试制、型式试验等一系列过程，需要较长的产品研发周期和技术储备，因而也造成了很高的技术壁垒。

而球冠电缆凭借多年的技术积累，已经在资质和技术积累上形成了一定的优势，拥有了一定的护城河，这也是其能够成功在北交所上市的原因之一。

再次，科技实力。球冠电缆是国家级高新技术企业，截至2019年12月31日，拥有电线电缆相关发明专利11项，实用新型专利31项。企业技术中心被认定为"省级企业技术中心"，曾参与国家科技部863计划和宁波市重大技术攻关专项，曾获得宁波市科技进步奖。可见，重视技术创新对在北交所上市非常重要。

第 六 章

如何顺利过审
——北交所上市的审查要点

申报和审核过程中，首先我们要了解可能会出现哪种结果。

除了成功过审上市，还可能出现的情形有：不予受理、中止审核、终止审核、不予过会、不予注册、复审或复核。

1. 不予受理

情形包括：①未按要求补正；②中介机构及其相关人员触发相关合规要求；③存在未实施完的股票发行、重大资产重组、可转债发行、收购、股票回购等。并且，如果保荐机构的申报材料12个月内累计两次被不予受理的，3个月后方可再报。

2. 中止审核

情形包括：①发行人及其控股股东、实际控制人涉嫌重大违法行为，被立案调查或侦查，尚未结案；②发行上市申请文件中记载的财务资料已过有效期，需要补充提交；③发行人及保荐机构主动要求中止审核，理由正当并经北交所同意；④中介机构及签字人员被立案，尚未结案；⑤中介机构被限制执业，尚未解除；⑥中介机构签字人员被限制执业，尚未解除。

3. 终止审核

情形包括：①发行人撤回申请或者保荐机构撤销保荐；②发行人的法人资格终止；③发行上市申请文件被认定存在虚假记载、误导性陈述或者重大遗漏；④发行上市申请文件存在重大缺陷，严重影响投资者理解和北交所审核；⑤发行人拒绝、阻碍或者逃避北交所依法实施的检查、核查；⑥中止审核情形未能在 3 个月内消除，或者未能在规定的时限内完成相关事项；⑦发行人及其关联方以不正当手段严重干扰北交所审核工作；⑧发行人未在规定时间内回复北交所审核问询或者未对发行上市申请文件作出解释说明、补充修改；⑨北交所审核认为发行人不符合发行条件、上市条件或信息披露要求。

4. 不予过会

北交所上市委召开审议会，可能出具三种审议意见：①审议意见为符合发行条件、上市条件和信息披露要求；②审议意见为符合发行条件、上市条件和信息披露要求，但要求发行人补充披露有关信息；③审议意见为不符合发行条件、上市条件或信息披露要求。

注意，北交所上市会议的审核意见并非最终意见，而是由北交所结合审议意见后，向发行人出具审核意见。

5. 不予注册

北交所出具审核同意的函也不是万事大吉了，还要看证监会是否同意注册。

证监会在证券交易所审核同意的基础上，对发行审核工作以及发行人在发行条件和信息披露要求的重大方面是否符合规定作出判断，对于不符合规定的可以不予注册。例如，证监会曾对在深交所过会的浙江鑫甬生物化工股份有限企业出具《关于不予同意浙江鑫甬生物化工股份有限公司首次公开发行股票注册的决定》。

6. 复审或复核

如果对交易所不予受理或终止审核的决定有异议，可以申请复审或复核。复审适用于对终止审核决定有异议的情况（主动撤回不适用），复审会议认为理由成立的，重新审核；认为理由不成立的，维持原决定。复核适用于对复审决定、不予受理决定有异议的情形，按照《北京证券交易所复核实施细则》办理。

第一节
法律合规审查要点

法律合规审查要点包括九方面内容，分别为：股权和股东问题；实际控制人认定及控制权稳定问题；独立性和关联交易问题；董事、高级管理人员的重大变化；出资、改制瑕疵；合规经营——重大违法认定；诉讼仲裁、行政处罚；治理结构规范；股权激励。

一、股权和股东问题

股权和股东问题主要涉及两个方面：对赌和代持。

（一）对赌

1. 对赌的三种模式

对赌一般有三种模式：业绩对赌、上市（挂牌）对赌、高管（实际控制人）行为对赌。如上市对赌，如果企业未能成功上市，对赌失败产生连锁反应有可能使创始人出局。

国内的对赌大部分只是针对创始人或企业单方的对赌，也即如果企业没有达到对赌的目标，就需要给予投资人补偿或触发回购，但是实际上对赌应该是双方的，即如果企业达成对赌目标，投资人应当给予创始人奖励，这样才公平对等。

2. IPO 过程中关于"对赌条款"的监管意见

2019 年中国证监会发行监管部发布的《首发业务若干问题解答》。证监会在解答中提道：投资机构在投资发行人时约定对赌协议等类似安排的，原则上要求发行人在申报前清理，但同时满足以下要求的可以不清理：一是发行人不作为对赌协议当事人；二是对赌协议不存在可能导致企业控制权变化的约定；三是对赌协议不与市值挂钩；四是对赌协议不存在严重影响发行人持续经营能力或者其他严重影响投资者权益的情形。保荐人及发行人律师应当就对赌协议是否符合上述要求发表明确核查意见。发行人应当在招股说明书中披露对赌协议的具体内容、对发行人可能存在的影响等，并进行风险提示[1]。

按照一般惯例，建议企业在上市前把对赌协议进行清理，因为判断"对赌协议不存在严重影响发行人持续经营能力或者其他严重影响投资者权益的情形"有一定难度，当然，这需经过投资人的同意。

3. 实践情形

2014 年借壳东光微电实现上市的弘高创意在申报前终止对

---

① 参见《每日经济新闻》，《证监会解答 IPO 的 50 个相关问题：涉及对赌协议、重大违法行为认定等》，http://www.nbd.com.cn/articles/2019-03-25/1314070.html，2022 年 3 月 1 日浏览。

赌及企业治理的特殊安排[1]。这是常见做法，避免在上市过程中被反复问询和关注。

2014 年在新三板挂牌的万洲电气选择披露对赌条款的具体内容、合法性、对赌触发条件、对赌股东的履约能力、对赌对企业的影响、是否存在纠纷或潜在纠纷。但是后来因为业绩持续下滑等原因，万洲电气未能在 2014 年 12 月 31 日前 IPO，触发了与投资方签订的对赌协议，后来企业主动摘牌[2]。

（二）代持

1. 监管规定

《首次公开发行股票并上市管理办法》第十三条规定："发行人的股权清晰，控股股东和受控股股东、实际控制人支配的股东持有的发行人股份不存在重大权属纠纷。"《北京证券交易所向不特定合格投资者公开发行股票并上市业务规则适用指引第1 号》第 1-8 节第（三）条规定："发行人控股股东和受控股股东、实际控制人支配的股东持有的发行人股份不存在重大权属纠纷。"

---

① 参见威科先行法律信息库，《实操指引系列：IPO 常见重要法律问题及用对方案》，http：//lawv3. wkinfo. com. cn/topic/61000000818/3. HTML♯xbt，2022 年3 月 1 日浏览。

② 参见搜狐网，《从反馈意见看新三板挂牌审查：重点关注对赌、占资及经营》，https：//www. sohu. com/a/119648548_119038，2022 年 3 月 1 日浏览。

2. 代持的风险

代持在实践中极易产生纠纷，因此对于代持的监管也比较严格。我曾代理过不少代持的法律纠纷案件，有的是因为没有签署代持协议，无法确认代持身份；有的是代持人偷偷处置代持股份，不一而足。上市前需要保持股权的清晰和稳定，所以存在股份代持的，在上市申报前要清理，并要求关注代持关系解除的真实性，避免纠纷（包括解除对价、解除时是否告知了被代持方真实情况等），同时要求保荐机构重点核查股份代持情况（包括股份代持的基本情况、清理情况以及是否存在纠纷）。拟上市主体及管理层应当如实向中介机构披露相关股权是否存在代持情况，并说明包括代持方、被代持方、代持股权比例、代持原因等基本情况①。如果企业在上市前存在代持情况的，建议如实披露。

3. 实践情形

2011 年主板上市的雪人股份在 2009 年通过平价转让的方式解除了委托持股。

北交所首批上市的同力股份在精选层上会时被暂缓审议，北交所要求就刘亚男、王爱东与樊斌之间是否存在股权代持关系或一致行动关系作进一步核查。最后，经过核查认定不存在股权代

---

① 参见天元律师事务所翟晓津、仇晶华，《首次公开发行股票并上市项目股份代持情况的核查及解决方案》，http：//www.tylaw.com.cn/CN/news_content.aspx?contentID = 0000000000000002025&Lan = CN&MenuID = 00000000000000000006，2022 年 3 月 1 日浏览。

持情形，刘亚男、王爱东、樊斌之间亦不存在一致行动关系。可见代持是上市过程中的重点审查要素。

作者观点

怎么解除代持？是否涉及税的问题？

一般而言，解除代持的方式可以分为两步，第一步是代持人和被代持人双方签署股权代持协议的解除协议，正式解除代持，并签署股权转让协议，用于工商变更之用。第二步就是双方拿着股权代持协议的解除协议和股权转让协议去工商管理部门管理股权变更手续，不过往往需要先去税务局办理完税凭证并交纳股权转让所得税（以北京市为例）。

但问题在于，如果企业在上市前解除代持，由于企业此时的估值和净资产价值已经比较高，即使双方陈述这是解除代持而不是上市前的转让，税务局往往不认可股权代持的事实，认为这有可能是双方的避税行为。因此税务局有可能不认可股权转让协议里面约定的价格，而是按照届时企业的净资产或最新的估值核定股权转让收入，征收股权转让所得税。如何解决这个问题呢？

我建议：第一，一定要保存好股权代持的证据，包括股权代持协议的签署证据、公证、股东会决议关于股权代持事实的表述、被代持人支付出资款的银行流水等，以增强股权代持事实的说服力；第二，也可以按照股权代持协议里面约定的争议解决条款，向法院或仲裁委员会提起股东确权之诉，确认被代持人的股东身份，这样就可以取信税务局，证明属于股权代持，就不用按照办理工商变更时的企业价值（净资产或估值）核定股权转让收入了，避免缴纳较高的所得税。

二、实际控制人认定及控制权稳定问题

（一）相关规定

《首次公开发行股票并上市管理办法》第十二条规定："发行人最近三年内实际控制人没有发生变更。"

实际控制人的认定对上市有重要影响，实际控制人的地位需具有稳定性，三年内不得发生变更。

（二）实际控制人认定问题，以盛通股份为例

根据北京盛通印刷股份有限企业（股票代码：002599）发布的《首次公开发行股票招股说明书》[①]，企业的第一大股东、控

---

① 深圳证券交易所官网，上市企业公告，http://www.szse.cn/disclosure/listed/notice/index.html，2022 年 2 月 10 日浏览。

股股东和实际控制人贾立临去世，其所持股份主要由其配偶和两个子女继承。栗延秋女士作为贾子裕、贾子成的母亲，担任贾子裕、贾子成的监护人直至其年满十八周岁止，其间贾子裕、贾子成的股东权利由栗延秋女士代为行使。栗延秋女士通过遗产继承和行使子女法定监护双，能够控制企业合计 50％ 的有表决权股份，但是，在实际控制人去世之前，其配偶栗延秋并未持有企业股份也没有在企业担任职务，两个子女均未满 18 周岁。

2008 年 7 月，北京盛通股份上会，尽管发行人及保荐机构针对"实际控制人是否变更"的问题做了非常多的解释，如盛通股份为家族企业，属于家族控制，但最终盛通的 IPO 申请还是因为实际控制人的认定存在问题被否。

在将原实际控制人配偶认定为新的实控人并等待三年之后，栗延秋女士被认定为企业控股股东及实际控制人。盛通股份于 2011 年初重新申报材料，并于同年 5 月 25 日通过审核①。

三、独立性和关联交易问题

从独立性角度来看，企业要有完整的业务体系，有直接面向

---

① 参见搜狐网，《难题大解析：继承了股权，实际控制人到底变没变？》，访问网址：https://www.sohu.com/a/166870473_482481，2022 年 3 月 1 日浏览。

市场独立经营的能力。资产应当较为完整，人员、财务、机构以及业务必须独立。

从同业竞争角度来讲，企业与控股股东、实际控制人及其控制的其他企业间不得有同业竞争。如果存在同业竞争，一般有两种处理方法：该企业把自己控制的企业纳入上市企业的范围内，或是大股东出具承诺函，承诺以后不会有竞争。同时，募集资金投资项目实施后也不能产生同业竞争，而必须要在整个上市企业的框架之内开展业务。

从关联交易角度来讲，与上市企业已控股股东实际控制人及其他控股企业之间不能有显失公平的关联交易。可见并非完全不允许关联交易的存在，而是不能有显失公平的交易条件，否则有转移利润和转移收入的嫌疑。并且企业要完整披露关联方关系并按重要性原则恰当披露关联交易。关联交易价格公允，不存在通过关联交易操控利润的情形。

关联交易是申报材料和审查的重点领域，要多加注意。

（一）监管规定

《北京证券交易所股票上市规则》4.3.4条关于企业独立性规定如下："上市企业控股股东、实际控制人应当采取切实措施保证企业资产独立、人员独立、财务独立、机构独立和业务独立，不得通过任何形式影响企业的独立性。"

关于关联交易，《首次公开发行股票并上市管理办法》第二十五条规定："发行人应完整披露关联方关系并按重要性原则恰当披露关联交易。关联交易价格公允，不存在通过关联交易操纵利润的情形。"《北京证券交易所股票上市规则》7.2.2 条规定："上市企业应当采取有效措施防止关联方以垄断采购或者销售渠道等方式干预企业的经营，损害企业利益。关联交易应当具有商业实质，价格应当公允，原则上不偏离市场独立第三方的价格或者收费标准等交易条件。上市企业及其关联方不得利用关联交易输送利益或者调节利润，不得以任何方式隐瞒关联关系。"

（二）科龙建筑创业板 IPO 被否

科龙建筑是一家主要从事建筑节能技术研发应用、新型建筑节能材料生产加工的企业。科龙建筑在报告期内存在大额现金采购及大额现金收取，包括以现金方式收支工程款及材料款的情况。证监会指出：2013 年至 2015 年，企业收到"其他与经营活动有关的现金"的金额分别为 8 761.27 万、7 741.68 万及 1.04 亿元，要求其说明上述现金的明细构成。同时，企业在上述报告期向实际控制人无偿借入资金额和实际还款额分别为 2 790 万元、4 508 万元、4 119.99 万元，部分资金还是当日拆借当日还款，这一异常情况也引起了证监会的关注和询问①。

①　参见上海证券报，《探查 16 家 IPO 被否公司"命门"》，https：//company.cnstock.com/company/scp＿gsxw/201612/3984033.htm，2022 年 3 月 1 日浏览。

科龙建筑至少有三个方面的问题：

第一，违反现金管理的相关规定，现金数额过大。

第二，独立性缺陷，不满足财务独立的要求。

第三，内控制度存在缺陷，企业随意将资金出借给自己的实际控制人以及随便收取现金。

多种问题都存在，最终导致该企业的 IPO 被否。

（三）南航传媒 IPO 被否

南航集团控股的中国南航集团文化传媒股份有限企业于 2016 年申请 IPO，因独立性和关联交易问题，最终其上市申请未获通过①。

从南航传媒的股权结构图（见图 6-1）可知，南航集团直接或间接地拥有南航传媒的多数股份，属于绝对控股。而南航传媒的经营也明显依赖其股东的支持，根据招股说明书，南航传媒的关联交易主要包括：向南航集团下属各航空企业购买或合作经营航机媒体资源，为南航集团及其下属企业提供客户代理、公关与设计等服务。2012、2013、2014 年度和 2015 年 1～6 月，企业向关联方销售商品及提供劳务的交易金额分别为 6 103.96 万、8 264.57 万、7 849.90 万和 2 804.52 万元，占营业收入的比重分别为 14.43%、

---

① 参见和讯股票，《南航传媒缺乏独立性，上市资格受质疑》，http：//stock. hexun. com/2014/nhcmipo/。上海证券报：《经营太依赖大股东　南航传媒 IPO 申请遭拒》，https：//company. cnstock. com/company/scp_dsy/tcsy_rdgs/201606/3825014. htm，2022 年 3 月 1 日浏览。

19.35％、18.8％和1:.89％；企业向关联方采购的交易金额分别为
4 319.65 万、5 285.0: 万、5 675.24 万和 2 043.31 万元，占营业成
本的比例分别为 26.93％、29.88％、29.37％和 26.54％。同时，南
航传媒还无偿使用其关联方南方航空的商标。

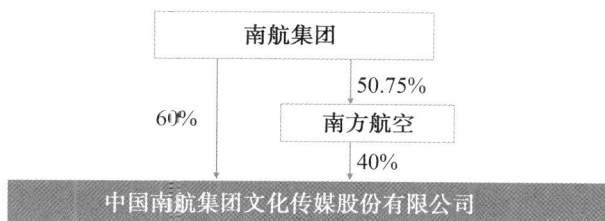

图 6-1　南航传媒股权结构（2021 年 12 月 30 日）

证监会认为，南航传媒"应进一步说明南航传媒取得南方航
空航机媒体资源的关联交易的定价公允性，补充说明南航传媒的
经营是否对南方航空以及其他关联航空企业存在重大依赖"。证
监会质疑的是，如果离开南航集团及其旗下的各企业的支持，南
航传媒是否还具有独立持续经营的能力。

四、董事、高级管理人员重大变化

（一）监管规定

《首次公开发行股票并上市管理办法》第十二条规定："发行

人最近三年内主营业务和董事、高级管理人员没有发生重大变化。"三年内主营业务、董事、高级管理人员发生变化在上市过程中一定会遭到问询，甚至导致 IPO 被否。

（二）银河磁体的董事变化

成都银河磁体股份有限企业（股票代码：300127）申请创业板上市时，证监会对董事的人数变化表示关注，因为企业董事和高管的变化为：9 名董事中 4 名独立董事辞职，同时新选出 3 名独立董事。银河磁体对此的回应是余下 5 名非独立董事未发生变化，独立董事变化的原因是超期被更换，这是客观原因。

可见，企业三年内董事、高管的变动要给出合理解释。

五、出资、改制瑕疵

（一）西部泰力出资瑕疵补正

出资、改制瑕疵可以及时补正。如 2014 年在新三板挂牌的西部泰力，2004 年国有股东增资未获得主管部门同意。该企业采取的解决方法是先将国有股东增资款及利息退还，随后转让国有股；再申请做减资处理，同时由该国有股东对增资、减资、未实际参与经营管理等事项进行书面确认。一系列操作过后，可以将过去的出资瑕疵消弥，视为未增资①。

（二）日科化学增资瑕疵

2005 年 12 月 28 日，日科化学前身山东日科化学有限企业股东大会通过决议，决定进行增资扩股。同意永力化工以专利技术《核与壳之间以化学键连接的核-壳节肢共聚物及其制备方法》（专利号为 ZL00110933.2）按照评估值作价 1 348.08 万元对日科有限进行增资。永力化工在增资后持有日科有限 30％股份②。

显然，日科化学在股权变更历程中也明显违背了旧《公司法》关于技术入股不能超出 20％的规定。虽然上述企业在当时无形资产出资超标，但是由于新《公司法》出台后非实物出资的比例限制提高，该瑕疵并未对发行上市形成实质障碍。

出资、改制瑕疵不一定会成为上市过程中的绝对障碍。首先，要识别出是否存在瑕疵；其次，看该瑕疵是否会构成障碍。最后，如果构成障碍，寻求解决方案。这是前期尽职调查中要识别的风险。

---

① 参见远方财经，《新三板实战案例 85：国资出资后未获批，做减资操作（西部泰力）》，http：//www.yuanfangcj.com/archives/72444.html，2022 年 3 月 1 日浏览。
② 参见搜狐网案例，《IPO 出资瑕疵解决方案》，https：//www.sohu.com/a/107913543_463951，2022 年 3 月 1 日浏览。

六、合规经营——重大违法认定

（一）重大违法认定

根据证监会《首发业务若干问题解答》的解释：重大违法行为是指发行人及其控股股东、实际控制人违反国家法律、行政法规，受到刑事处罚或情节严重行政处罚的行为[①]。重大违法行为可能导致企业无法上市，应该引起重视。

重大违法认定的主体是发行人及其控股股东、实际控制人；法律依据是违反了法律或者行政法规；后果是受到刑事处罚或情节严重的行政处罚，三者同时满足就构成重大违法。

根据《首次公开发行股票并上市管理办法》第十八条规定："发行人不得有下列情形：（一）最近 36 个月内未经法定机关核准，擅自公开或者变相公开发行过证券；或者有关违法行为虽然发生在 36 个月前，但目前仍处于持续状态；（二）最近 36 个月内违反工商、税收、土地、环保、海关以及其他法律、行政法规，受到行政处罚，且情节严重；（三）最近 36 个月内曾向中国证监会提出发行申请，但报送的发行申请文件有虚假记载、误导性陈述或重大遗漏；或者不符合发行条件以欺骗手段骗取发行核

---

① 参见每日经济新闻网，《证监会解答 IPO 的 50 个相关问题：涉及对赌协议、重大违法行为认定等》，http://www.nbd.com.cn/articles/2019-03-25/1314070.html，2022 年 3 月 1 日浏览。

准；或者以不正当手段干扰中国证监会及其发行审核委员会审核工作；或者伪造、变造发行人或其董事、监事、高级管理人员的签字、盖章；（四）本次报送的发行申请文件有虚假记载、误导性陈述或者重大遗漏；（五）涉嫌犯罪被司法机关立案侦查，尚未有明确结论意见；（六）严重损害投资者合法权益和社会公共利益的其他情形。"

《北交所上市规则》2.1.4 条规定"最近 36 个月内，发行人及其控股股东、实际控制人，存在贪污、贿赂、侵占财产、挪用财产或者破坏社会主义市场经济秩序的刑事犯罪，存在欺诈发行、重大信息披露违法或者其他涉及国家安全、公共安全、生态安全、生产安全、公众健康安全等领域的重大违法行为"，都属于重大违法。

（二）重大违法的豁免

如果不想被认定为重大违法，有哪些办法？

1. 重大违法的认定存在例外情形

（1）违法行为显著轻微、罚款数额较小。

（2）相关规定或处罚决定未认定该行为属于情节严重。

（3）有权机关证明该行为不属于重大违法。

如果属于以上这三种情形，保荐机构及发行人律师再出具明确核查结论，可以不认定为重大违法。

2. 绝对无法豁免的情形

但是即使满足以上条件并由中介机构出具证明，也有不能豁免的情形，即"例外的例外"。这些情形包括：

（1）严重环境污染。

（2）重大人员伤亡。

（3）社会影响恶劣等并被处以罚款。

（三）微众信科重大违法的认定

微众信科是深圳一家大数据征信和智能风控服务商，这家企业曾经想打造征信科技第一股，起初确实是一路顺利。2020 年 6 月 22 日，上交所依法受理了微众信科首次公开发行股票并在科创板上市的申请文件，并按照规定进行了审核。同年 12 月 7 日，微众信科通过科创板 IPO 审核。但是 2021 年 2 月，微众信科在冲刺科创板的关键时期突然中止申请。2021 年 4 月 15 日，微众信科主动撤回上市申请①。

原因在于，2021 年 2 月 1 日，微众信科因企业及其控股股东、实际控制人涉嫌贪污、贿赂、侵占财产、挪用财产或者破坏社会主义市场经济秩序的犯罪，或者涉嫌欺诈发行、重大信息披露违法或其他涉及国家安全、公共安全、生态安全、生产安全、公众健康等领域的重大违法行为，被立案调查或者被司法机关立案侦查，尚未结案。根据《审核规则》规定，上交所中止其发行

① 参见凤凰网财经，《微众信科"征信科技第一股"梦碎　或与实控人涉嫌重大违法有关》，https：//finance.ifeng.com/c/85VqH77OYee，2022 年 3 月 1 日浏览。

上市审核。

(四) 大洋机电重大违法的豁免

中山大洋机电股份有限企业是 2008 年在主板上市的企业。2006 年，大洋机电受到海关处罚 220 万元；2007 年，处罚机关出具《处罚问题的说明》："本次违规非出于主观故意，态度良好整改及时，按时、足额缴纳罚款。" 2008 年，处罚机关出具证明：认定申请企业自 2004 年以来不存在情节严重的违法违规①。

大洋机电于 2006 年时受到海关处罚，属于可能构成重大违法的情形。但是行政机关出具《处罚问题的说明》证明其主观态度良好，次年再次出具证明称其自 2004 年以来不存在情节严重的违法违规。再由中介机关出具核查意见，就可以达成豁免。

(五) 博汇股份重大违法的豁免

宁波博汇化工科技有限企业股份是创业板的上市企业。2012年，博汇股份因未取得环评审批文件即开展生产受到停止使用设备的处罚及 10 万元罚款。对于该处罚的性质和程度，律师根据《宁波市重大环境违法违规行为认定处理办法（试行）》关于重大环境违法违规行为认定的相关条款，认定该情况不构成重大违

---

① 参见新浪博客，《一文搞定上市企业重要法律问题的应对方案》，http：//blog. sina. com. cn/s/blog _ 5a2e45870102w0dt. html，2022 年 3 月 1 日浏览。

法违规，因该情况未造成环境污染且停止使用设备不影响持续经营，且控股股东和实际控制人出具承诺承担损失，博汇股份没有被认定为重大违法，最后顺利过审①。

七、诉讼仲裁、行政处罚

（一）监管规定

《首次公开发行股票并上市管理办法》第二十八条规定："发行人不存在重大偿债风险，不存在影响持续经营的担保、诉讼以及仲裁等重大或有事项。"即并非完全禁止诉讼、仲裁的存在，因为这在某种意义上是企业不可自控的因素。但是企业如果涉及的仲裁或诉讼可能影响企业的持续经营，如核心知识产权存在权利纠纷，可能导致企业无法上市。

（二）中搜网络因诉讼较多和内控不合规从创新层剔除

北京中搜网络技术股份有限企业 2013 年 11 月在新三板挂牌，2016 年 6 月从创新层名单中被剔除，2021 年 9 月 13 日终止挂牌。原因在于企业客户和投资人举报中搜网络治理不健全、内

---

① 参见新浪博客，《一文搞定上市企业重要法律问题的应对方案》，http：//blog. sina. com. cn/s/blog _ 5ace45870102w0dt. html，2022 年 3 月 1 日浏览。

控不合规①。

新三板系统经过核查，发现中搜网络存在很多内部不合规问题，中搜网络及其子企业、分企业尚未了结的诉讼案件共计53宗，作为被告的案件有52件，涉及总金额近1000万元。对于新三板企业来说，涉案金额已经非常高，且纠纷众多，能从侧面反映出企业的管理混乱问题。

（三）龙芯中科上市时诉讼纠纷被重点询问

龙芯中科申报科创板上市时曾遭上交所问询："发行人与芯联芯、芯联芯与MIPS企业的纠纷部分事实回复不清晰、对部分仲裁主张的分析不充分，中介机构核查过程、取得的核查证据及核查结论的得出不充分，包括但不限于仲裁请求、芯联芯与MIPS企业境外纠纷的解决进展、临时措施被支持的可能性、发行人基于MIPS架构的产品是否存在违反技术许可协议约定的情形、仲裁纠纷对业务开展的具体影响等；招股说明书对仲裁、诉讼纠纷基本情况、可能造成的影响披露及重大事项提示较为简单，可能影响投资者的决策判断②。"

上交所要求龙芯中科对其与芯联芯、芯联芯与MIPS企业的

---

① 参见新浪博客，《一文搞定上市企业重要法律问题的应对方案》，http：//blog.sina.com.cn/s/blog_5ace45870102w0dt.html，2022年3月1日浏览。

② 参见搜狐网，《重大仲裁、诉讼纠纷如何破？龙芯中科冲刺科创板IPO难点多》，https：//www.sohu.com/a/503313869_223785，2022年3月1日浏览。

纠纷进一步充分解释，且要求龙芯中科完善对各项纠纷基本情况和可能影响的披露和重大事项提示。

诉讼仲裁纠纷可能对企业造成重大损失、影响企业的持续经营，因此未了结的诉讼仲裁无论大小，都可能受到证券交易所的关注。企业上市前应对诉讼、仲裁进行梳理，尽量事先和解，以免对企业上市造成负面影响。

八、治理结构规范

（一）监管规定

《北交所上市规则》第 4.1.1 条对企业治理结构提出了要求："上市企业应当在企业章程中载明股东大会、董事会、监事会的职责，以及召集、召开和表决等程序，规范股东大会、董事会、监事会运作机制。"

（二）治理结构规范思路

北交所对企业治理的总体要求分别针对以下几方面：股东大会、董事会、监事会；董监高；股东、控股股东、实际控制人；表决权差异安排；承诺事项管理；投资者关系；社会责任。同科创板、创业板相比，《北交所上市规则》充分吸收了上市企业治理最佳实践和中小企业治理特点。

1. 制定系统、全面的"三会"运作规范

北交所要求制定系统、全面的"三会"运作规范，三会即股东大会、董事会、监事会。

（1）首先要设立便于股东参与的方式。如设置会场便于股东参加，同时提供网络投票方式。

（2）要设立累计投票制。如果单一股东及其一致行动人持股在30％以上的，股东大会在董事、监事选举中应当推行累计投票制。累计投票制是指集中使用表决权。股东大会选举董事或者监事时，每一股份拥有与应选董事或者监事人数相同的表决权，股东拥有的表决权可以集中使用，可以防止控股股东完全操纵选举，避免一股一票表决制度存在的弊端。累计投票制可以促进力量平衡。

（3）还可以征集投票权。董事会、独立董事、持股1％以上股东、投资者保护机构可以征集投票权。

2. 详细规定董监高任职要求

《北交所上市规则》中明确规定了董监高的任职要求。从任职资格上看，明确董监高不应存在负面情形，财务负责人还应具备会计师以上专业技术职务资格，或者既有会计专业知识背景并从事会计工作3年以上。总体要求是董监高应当遵守法律法规、北交所业务规则和企业章程，对企业负有忠实义务和勤勉义务，严格履行公开承诺，不得损害企业利益。

同时要保障董事会秘书工作的开展。董事长应当保证董事会秘书的知情权，不得以任何方式阻挠其依法行使职权。董事长接到重大事件的报告后，应立即敦促董事会秘书履行信息披露义务。上市企业解聘董事会秘书应当有充分理由，不得无故解聘。

董事也要切实履行职责。董事连续两次未出席股东大会，或连续 12 个月未出席次数超过会议总数一半的，应作出书面说明并披露。连续两次未能出席也未委托其他董事的，建议予以更换。

3. 重点约束控股股东、实际控制人等关键主体

规则要求控股股东和实际控制人不得以任何方式影响企业的独立性；不得利用控制地位损害上市企业及其他股东的合法权益，不得干预企业正常决策程序；不得获取企业未公开的重大信息，不得利用未公开的重大信息谋取利益，不得进行内幕交易、操纵市场或其他违法违规活动；不得占用企业资金；不得在企业上市后新增企业独立持续经营的同业竞争。

4. 规范设置差异化表决权

现在允许设置同股不同权的表决权，但是对于这种差异化表决权的设计也有一定的限制。

第一，不得新增。上市前不具有表决权差异安排的企业，不得在上市后设置此类安排。

第二，不得交易。特别表决权部分不得进行交易。

第三，不得提高比例。除同比例配送股、转增股本外，不得新发行特别表决权股份；因回购、减少注册资本原因导致比例可

能提高的，应当采取将相应数量特别表决权股份转为普通股等措施，保证特别表决权比例不提高。

第四，视同普通股份的情形：对特定事项不得行使特别表决权。

第五，转换为普通股份的情形：股东丧失履职能力、离任或者死亡等。

第六，监督措施。监事会、独立董事在年度报告、中期报告中出具专项意见。

第七，披露要求。年报、半年报披露表决权差异化安排的运行情况，在年度股东大会向股东说明运行情况。

5. 体现中小企业特色

北交所的特点是相对于主板、科创板和创业板来说，更加重视中小企业的发展，主要体现在以下几个方面。

第一，不强制设立专门委员会。鼓励上市企业根据需要设立审计、战略、提名、薪酬与考核等专门委员会。设置专门委员对企业来说有一定的门槛，北交所不强制规定设立专门委员会，减轻了企业的负担。

第二，不强制现金分红。应制定利润分配政策，根据实际情况明确一定比例的现金分红相对于股利在利润分配方式中的优先顺序。

第三，未强制限定独立董事人数。未强制要求独立董事达到董事会成员人数的三分之一，减轻了企业治理的负担。

（三）苏州未来电器再闯创业板 IPO

苏州未来电器是典型的家族企业，其上市过程不可避免会涉及股权集中问题，虽然对比上一次 IPO，实际控制人方已对股权进行稀释，但发行后家族成员仍占据前五大股东席位，保持对企业的绝对控制。这导致了该企业具有"家司不分"的风险，家族往往掌握着企业最好的资源，企业治理不规范，不利于吸引外来人力资源和外来管理①。

未来电器也在招股书中提到这个风险。招股书中提到，若企业实际控制人通过行使股东投票权或者其他方式对企业重要决策实施不当控制，则可能会影响企业业务经营并损害中小投资者权益。

（四）企业治理结构的常见问题

第一，很多企业都存在治理结构不规范的问题。

第二，缺少相应的制约机制，如之前提到的科龙建筑，企业的独立性遭到质疑就很难上市。

第三，股东、董事、经理不顾企业利益趁机谋取私利。

治理结构的规范问题是法律合规审查的重要内容，应当引起重视。

---

① 参见华夏时报，《苏州未来电器再闯创业板 IPO：4 年前主板上市无由而终，多次调整股权结构》，https://www.163.com/dy/article/GKVTCV5G0512D03F.html，2022 年 3 月 1 日浏览。

九、股权激励

（一）北京富吉瑞光电科技股份有限企业因股权激励被问询

北京富吉瑞光电科技股份有限企业是一家科创板上市企业，在上市审查时因零元转让股份问题被上交所问询①。

2016 年 12 月企业 5 名创始股东将所持部分股权以零对价转让给员工持股平台瑞吉富科技。2021 年 1 月 20 日，北京富吉瑞光电科技向上交所提交科创板上市申报。在审核问询中，上交所要求该企业解释，"零对价转让股权给前述人员的原因及合理性"，"相关股权转让是否真实有效，是否存在争议或潜在纠纷"，"是否存在代持或其他特殊安排"，"是否存在规避锁定期、减持等的情形"。

可见，股权激励也不能随性而为。股权激励的方案设计要具有合理性和正当逻辑，这也是上市准备的重要一环。制定完善、合理的股权激励实施方案，未来面对交易所审核时才能有的放矢地回应。

---

① 参见《拟 IPO 企业股权激励定价方式及审核关注点》，https：//zhuanlan. zhi hu. com/p/409034167，2022 年 3 月 1 日浏览。

（二）北交所关于股权激励的相关规定

北交所基本平移精选层的制度安排，在股权激励价格和比例等方面保持灵活性，同时借鉴上市企业监管经验进行了适度优化。

1. 产品类型

股权激励主要有两种类型：第一种是限制性股票，虽然授予了激励对象股票但是也有一定限制，不能立刻转让，而是需要经过一定期限后方可解锁；第二种是股票期权，只有达到了行权条件才能够行权。

2. 激励对象

股权激励的对象主要有两类：第一种是董事、高级管理人员、核心技术人员或者核心业务人员；第二种是单独或者合计持有上市企业5％以上股权的股东或者实际控制人及其配偶、父母、子女以及外籍员工，在上市企业担任董事、高级管理人员、核心技术或者核心业务人员。

3. 授予比例和定价机制

考虑到中小企业轻资产、股本规模小、对核心人员依赖度较高的特点，沿用股权30％激励比例上限，但是对单人激励和员工持股计划比例不设限制。即在总体上，授予比例上限为30％，而对个人的比例不设限制。

定价机制灵活。北交所允许限制性股票价格低于市场参考价的50％，且允许股票期权行权价格低于市场参考价，但同时需要聘请独立财务顾问说明定价依据及合理性。

4. 否定情形

不得成为激励对象的情形：①最近 12 个月内被证券交易所认定为不适当人选；②最近 12 个月内被中国证监会及其派出机构认定为不适当人选；③最近 12 个月内因重大违法违规行为被中国证监会及其派出机构行政处罚或者采取市场禁入措施；④具有《公司法》规定的不得担任企业董事、高级管理人员情形的；⑤法律法规规定不得参与上市企业股权激励的；⑥中国证监会认定的其他情形。

相较于主板、科创板、创业板，北交所对股权激励的要求灵活性更高、限制更少。

（三）北交所关于股权激励的审核要点

1. 发行人首发申报前制定、上市后实施的股权激励计划应当符合的要求

（1）应体现增强企业凝聚力、维护企业长期稳定发展的导向。

（2）激励计划的必备内容与基本要求、激励工具的定义与权利限制、行权安排、回购或终止行权、实施程序等内容，应参考《上市公司股权激励管理办法》的相关规定予以执行。

（3）股权激励的行权价格由股东自行商定后确定，但原则上不应低于最近一年经审计的净资产或评估值。

（4）发行人全部在有效期内的股权激励计划所对应股票数量占上市前总股本的比例原则上不得超过 15％，且不得设置预留权益。

（5）在审期间，发行人不应新增股权激励计划，相关激励对象不得行权；最近一期末资产负债表日后行权的，申报前须增加一期审计。

（6）在制订股权激励计划时应充分考虑实际控制人的稳定性，避免上市后期权行权导致实际控制人发生变化。

（7）激励对象在发行人上市后行权认购的股票，应承诺自行权日起三年内不减持，同时承诺上述期限届满后比照董事、监事及高级管理人员的相关减持规定执行。

2. 发行人信息披露要求

发行人应在招股说明书中充分披露股权激励计划的有关信息。

（1）股权激励计划的基本内容、制定计划履行的决策程序、目前的执行情况。

（2）期权行权价格的确定原则，以及和最近一年经审计的净资产或评估值的差异与原因。

（3）股权激励计划对企业经营状况、财务状况、控制权变化等方面的影响。

（4）涉及股份支付费用的会计处理等。

3. 中介机构核查要求

保荐机构及申报会计师应对下述事项进行核查并发表核查意见：

（1）股权激励计划的制订和执行情况是否符合以上要求。

（2）发行人是否在招股说明书中充分披露股权激励计划的有关信息。

（3）股份支付相关权益工具公允价值的计量方法及结果是否合理。

（4）发行人报告期内股份支付相关会计处理是否符合《企业会计准则》相关规定。

本节总结

北交所横空出世后，中小企业上市更容易实现，但是这也给中小企业在经营和合规上带来了新的要求和挑战。正因为如此，有些企业总想着先发展业务，对合规不着急，在上市前做"突击式"整改就行，这种想法实不可取。尽早做合规整改，保持持续合规对中小企业来说更容易上市，而且成本更低。

随着北交所上市规则的出台，上市变得越来越规范、透明，审核理念从过去的重事先审核变成以信息披露为中心，企业必须持续合规，否则企业想做所谓的"技术性处理"很容易被识破。

第二节
财税合规审查要点

财税合规审查要点主要包括核查手段及重点问题、持续经营能力问题、财务审计问题、关联交易与关联方资金占用问题、募集资金用途问题、财务信息披露质量问题。

一、核查手段及重点问题

核查手段及重点问题包括四方面内容：一是财务合规的"规"指什么；二是会计师、保荐人的核查手段；三是交易所关注与反馈的重点；四是交易所及监管机构的手段。

（一）财务合规的"规"

财务合规的"规"主要指的是企业会计准则，企业内部控制指引以及其他的法律法规。在企业内部控制指引方面，首先要树立一个观念就是无论是挂牌企业还是上市企业都属于公众企业，公众企业不是某个"企业主"的。尽管企业主可能是控股股东，但一旦企业成为公众企业，企业就是公众共同享有的，此时不能仅仅考虑企业主的利益，而要同时考虑到全体股东的利益。其次要建立现代企业法人治理机制，内部要透明，对外才能透明。最后内控指引具体还包括 18 个具体指引、需要内部控制自评价报告等。

（二）会计师、保荐人的核查手段

会计师、保荐人的核查手段一般包括以下几个方面。

第一，检查、观察、函证、询问、重新计算企业的收入利润和成本、重新执行企业会计制度以及进行相应分析。

第二，检查范围除上市主体外还可能扩展至实际控制人、高管，甚至财务人员，比如核查实际控制人高管的收入流水。

第三，IPO 需穿透客户及供应商，一般访谈对象的范围至少包含前十大客户和前十大供应商。

第四，审计手段没有强制性，审计时是否能取得结论性证据取决于企业配合情况。

第五，审计重点一般为收入、成本，以及收入是否合理等。

第六，检查目标是资产的真实性、负债的完整性、收入的真实性、成本费用的完整性。

（三）交易所关注与反馈的重点

交易所关注与反馈的重点包括以下几个方面。

第一，收入确认。此项属于必问项，除非采纳的是北交所的第四套标准。

第二，成本控制与核算。

第三，研发费用及无形资产资本化。主要针对高新企业，如果采用的是北交所第四套标准（即研发投入占到5000万元），那么研发费用情况也必然会被问。

第四，商誉问题。如果整体资产里涉及商誉，则会被问及商誉的构成以及是否客观合理。

第五，实物资产。一般会结合产能判断收入与资产是否匹配。

第六，无形资产。主要关注无形资产的有用性，一般看所有列举的无形资产与产品的关系，无形资产是否对产品有用，否则可能会导致资产缩水。

第七，应收账款问题。因应收账款能否收回存在一定的不确定性，因此是否把应收账款作为确认收入的手段，应该以会计准则为基础来确认。

（四）交易所及监管机构的手段

交易所及监管机构的手段主要包括三个方面：

第一，先抓披露的问题，针对披露出来的问题去深入挖掘。

第二，横向、纵向、多维度进行分析。横向角度会涉及薪酬、成本费用等问题，纵向角度会涉及关联交易、利润转移等问题。

第三，进行现场核查。现场核查具有一定的强制性，企业应该积极配合。

二、持续经营能力

北交所上市的一个硬性条件是要求上市企业具有直接面向市场的独立持续经营的能力。这一方面强调企业要有独立性，企业可以不依托其他主体企业独立发展，另一方面要求有持续的经营能力。

（一）持续经营能力的认定

1. 什么情况下企业才算是具备持续经营能力?

交易所对于“持续经营能力”的核查要点主要有三个：

第一，要看上市企业对主要供应商的依赖程度，同时这也是客户集中度的问题。

第二，要看企业是否具有核心技术、技术门槛。

第三，要看是否具有健康的现金流和资产负债率，现金流是否能够保持持续稳定，以及资产负债率是否正常、短期负债与长期负债是否平衡。

2. 企业业绩大幅下滑是否一定会影响对持续经营能力的认定?

可以分两种情况加以判断。

第一种情况是发行人在报告期内出现营业收入、净利润等经营业绩指标大幅下滑情形的，保荐机构及申报会计师应当充分核查经营业绩下滑的程度、性质、持续时间等。这种情况只要是有充分的理由，也不一定构成IPO的实质性障碍，需要结合具体情况进行分析，如下滑原因、短期原因等。

第二种情况是发行人最近一年（期）经营业绩指标较上一年（期）下滑幅度超过50％，如无充分相反证据或其他特殊原因，一般应认定对发行人持续经营能力构成重大不利影响。所以如果业绩下滑超过50％，IPO成功率较低，这时候除非有特别充分的证据或者存在特殊原因，否则会对IPO构成实质性障碍。

（二）不具备持续经营能力的情况

1. 不具有持续经营能力的情况

第一，企业的业务不具有连续性，在订单获取、成本结转、费用支付等方面断断续续。

第二，导致企业目前亏损的因素在短期内并没法改变，无法在预期内实现盈利。

第三，企业正常情况下是盈利的，企业为了避税的问题而刻意调整成亏损状态。企业存在这些情况可能导致上市被否。

2. 持续经营能力的负面情形

一是对发行人主要业务有重大影响的土地使用权、房屋所有权、生产设备、专利、商标和著作权等不存在对发行人持续经营能力构成重大不利影响的权属纠纷。因此企业审查时一定不要出现土地、房屋、知识产权等权属纠纷对主要业务产生影响的情形，进而影响持续经营能力和上市。

二是发行人或其控股股东、实际控制人、对发行人主营业务收入或净利润占比超过10%的重要子企业在申报受理后至上市前不存在被列入失信被执行人名单且尚未消除的情形。

三、财务审计

（一）审计目标

审计目标是针对会计收入利润的确认，以及成本确认的真实性、完整性、合法性、准确性、公允性。审计内容包括现金流量表、合并报表、资产负债表和损益表。财务审计的目标看似简单，实则处理不当可能会影响上市甚至断送其职业生涯。

财务的"真实性"建立在"合理性"前提下，最终确定财务数据是否得到恰当反映，是否存在财务舞弊。重点在于审查发行人经营一种或多种业务的，每种业务是否具有相应的关键资源要素，该要素组成的投入、处理和产出能力能够与合同、收入或成本费用等相匹配。

（二）海外销售模式的收入确认

国内收入可以通过客户、供应商来确认。但是在海外销售模式下，收入的真实性如何确认？假如发行人在报告期内海外销售的比例连续三年分别为 30.12%、32.34%、35.87%，对此监管机构要求：

一是请发行人分析并披露发行人出口退税情况是否与发行人境外销售规模相匹配。

二是请保荐机构核查物流运输记录、资金划款凭证、发货验收单据、出口单证与海关数据、中国出口信用保险企业数据、出口货物最终销售或使用情况。

三是说明境外客户销售收入的核查方法、范围、过程和结论，发表核查意见。

（三）财务核查证据链条的完整性和合法性

财务审计或者现场核查里证据链条不是单一的证据，而是需要形成一个证据链。

第一，企业需要从各个维度去证明数据的真实性。

第二，企业需要提供业务链条上发生的所有证据，当审核人员看到众多证据相互印证时，更倾向于认定企业的收入不存在违规情形，所以现在会计师针对被审核企业的事项均要求证据链条齐备。

第三，企业要做好充分的合规准备，面对核查需保证证据链条的完整性和合法性。

四、关联交易

（一）关联交易的要求

关联交易的审核要点是发行人不存在具有重大不利影响的同业竞争，不存在严重影响发行人独立性或者显失公平的关联交易。也就是说在上市过程中关联交易本身并不被完全禁止，问题在于关联交易不能严重影响发行人独立性，或显失公平。进行关联交易一定要合理合法，否则可能形成不正当交易进而损害上市企业的利益，甚至可能会导致刑事处罚。如南海华光骗货案当事人冯明昌利用其控制的 13 家关联企业，编造虚假财务报表，与银行内部员工串通，累计从工商银行南海支行取得贷款 74.21 亿元，至审计时尚有余额 19.29 亿元。

（二）关联交易内容

关联交易内容包括折叠购买或销售商品、折叠购买资产、折叠提供或接受劳务、折叠担保、折叠提供资金、折叠租赁、折叠代理、折叠研究和开发转移、折叠许可协议、折叠关键管理人薪酬等，一旦关联企业之间发生这样的交易，都需要核查合理性。

（三）中介机构对关联交易的核查要点

针对关联交易的问题，保荐机构、会计师和发行律师等都要充分核查并发表意见，审查要点包括：

一是对发行人的关联方认定。

二是关联交易信息披露的完整性。

三是关联交易的必要性、合理性、公允性。

四是关联交易是否影响发行人的独立性。

五是关联交易是否可能对发行人产生重大不利影响，以及是否已经履行了关联交易的决策程序。

对于这些关联交易的审核要点，需要做好准备应对交易所或证监会询问。但是 IPO 审核中并没有具体的金额和比例限制，需要根据企业实际业务情况具体分析和论证，判断关联交易的合理性。企业应尽量减少关联交易行为，最好是通过市场去交易，这在一定程度上可以降低损害上市企业利益的风险。

（四）《首发业务若干问题解答》关于关联交易的规定

《首发业务若干问题解答》（2020 年 6 月修订）中，问题 16 针对从哪些方面说明关联交易情况、如何完善关联交易的信息披露、中介机构核查应注意哪些方面这三个问题出发，主要从关联方的认定，关联交易的必要性、合理性和公允性，关联交易的决策程序，以及关联方和关联交易的核查四方面入手，提供了解答方案。

1. 对关联方的认定

发行人应当按照《公司法》《企业会计准则》和中国证监会的相关规定认定并披露关联方。

2. 关于关联交易的必要性、合理性和公允性

（1）披露关联交易的交易内容、交易金额、交易背景以及相关交易与发行人主营业务之间的关系，结合可比市场公允价格、第三方市场价格、关联方与其他交易方的价格等，说明并摘要披露关联交易的公允性，是否存在对发行人或关联方的利益输送。

（2）对于控股股东、实际控制人与发行人之间关联交易对应的收入、成本费用或利润总额占发行人相应指标的比例较高（如达到30%）的，发行人应结合相关关联方的财务状况和经营情况、关联交易产生的收入、利润总额合理性等，充分说明并摘要披露关联交易是否影响发行人的经营独立性、是否构成对控股股东或实际控制人的依赖，是否存在通过关联交易调节发行人收入利润或成本费用、对发行人利益输送的情形。

（3）还应披露未来减少与控股股东、实际控制人发生关联交易的具体措施。

3. 关于关联交易的决策程序

对于如何去披露和核查关联交易的决策程序，提出以下方案：

（1）要披露企业章程对关联交易的决策程序的规定，这也是原则和要求。

（2）已经发生的关联交易的决策过程是否与章程相符。

（3）关联股东或董事在审议相关交易时是否回避。

（4）独立董事和监事会成员是否对关联交易发表不同意见，是否尽到监督义务。

五、募集资金用途

（一）募集资金的正确用途

企业上市要核查募集资金用途，要求上市的募集资金原则上应当用于主营业务，如用于研发、生产、扩建厂房等。

（二）不符合规定的用途

如果募集资金主要为理财、对外放贷等就违背了上市初衷。除了金融类企业，募集资金的项目不能为持有交易性金融资产和可供出售的金融资产、借予他人、委托理财等财务性投资，不得直接或间接投资于以购买证券为主要业务的项目。如果确实存在暂时闲置的募集资金，也可进行现金管理，但其投资的产品须符合安全性高、流动性好的要求。

六、财务信息披露质量

财务信息披露质量有三点要求。

一是报告期内发行人会计政策和会计估计应保持一致性，不得随意变更，若有变更应符合企业会计准则的规定。

二是报告期内发行人如出现会计差错更正事项，保荐机构及申报会计师应重点核查并发表明确意见。

三是申报前后，发行人因会计基础薄弱、内控不完善、未及时进行审计调整的重大会计核算疏漏、滥用会计政策或者会计估计以及恶意隐瞒或舞弊等行为，导致重大会计差错更正的，将依据相关制度采取自律监管措施或纪律处分，进行严肃处理；涉及财务会计文件虚假记载的，将依法移送中国证监会查处。

关于财务信息的两点提示：

一是在做上市申报时，企业需要建立健全完善的内部控制体系，要保证企业财务数据的真实、完整、公允。

二是资金往来、政策性补助、非经常性损益、关联交易、坏账损失等内容都是审核的关注点，企业要在公开申报文件里详细披露，一次披露到位可以避免重复问询。

第 七 章

上市后的规范运作

　　上市不是终点，而是一个新的开始。上市后，企业就像驶入了高速公路，不仅发展速度更快，路也更宽。之所以说"宽"，原因在于上市后，企业可以更容易进行并购重组，不断并购同行和上下游企业，快速做大做强，还可以再融资，获得更充足的资金，支持企业更快发展。

　　在经济下行的背景下，再融资和并购重组对于上市企业来说是一大利器，可以通过再融资和并购重组获得资金，获得更多的业务机会和渠道等，从而提振业绩。尤其是，北交所针对上市企业的并购重组政策和再融资政策比较宽松，使得中小企业更容易在上市后进行产业布局。

并购重组和再融资作为已上市企业做大做强的重要手段，在政策重点扶持先进制造业、硬科技的大背景下，更能发挥资本市场服务实体经济的作用。

第一节
从华兴源创收购欧立通看上市企业并购重组

一、华兴源创收购欧立通的并购重组过程

（一）华兴源创的概况

根据华兴源创科技股份有限企业的《招股说明书》等相关公告①，华兴源创于 2005 年 6 月成立，2019 年 6 月 19 日成为科创板首家招股企业，非常具有代表性。2019 年 7 月 22 日正式挂牌上市。

（二）华兴源创的并购过程

由于华兴源创是注册制下的第一家招股企业，所以其并购重组也适用注册制。

2019 年 12 月 6 日，华兴源创一口气发布 10 份公告，披露收购欧立通 100％股权的计划。

---

① 上海证券交易所官网，上市企业公告，http：//www.sse.com.cn/disclosure/listedinfo/announcement/，2022 年 2 月 2 日浏览。

2020 年 4 月 10 日，收到上海证券交易所的审核问询函（注册制下的并购重组审核已正式启动）。

2020 年 5 月 14 日，交易各方确定并购标的资产的交易金额为 10.4 亿元。

2020 年 5 月 25 日，上海证券交易所科创板通知同意苏州华兴源创科技股份有限企业发行股份购买资产并募集配套资金申请。

这是华兴源创收购欧立通的整个过程，从公告、审核到披露交易金额再到拿到申请，大概花费了半年的时间。而从问询到出结果仅一个半月，再一次体现了"科创板速度"，这同时也是注册制的优势。

二、并购重组对华兴源创的积极作用

作为科创板 001 号的华兴源创，上市以后业绩仍然保持增长但是逐渐开始乏力。华兴源创 2016—2018 年三年的净利润持续增长，但是到 2019 年净利润出现下降。如果按照这个趋势，上市以后就非常危险，所以华兴源创想保持业绩持续上升，其中一个方式就是把企业本身业务做得更好，让利润继续增长；另一个方式就是借助外力，收购新企业，把新企业的业绩装到华兴源创业绩里，这样华兴源创的业绩数额就会上升。显然华兴源创最终采用了第二个方法，通过并购欧立通来使它的利润实现进一步增长。

华兴源创收购欧立通也是有要求的，即欧立通做出业绩承诺：2019 年、2020 年和 2021 年三年欧立通合计扣非归母净利润将不低于 3 亿元。这就意味着欧立通平均每年大概能够给华兴源创贡献 1 亿元的净利润。因此，华兴源创收购欧立通能够实现企业业绩增长。假如与 2019 年相比，2020 年华兴源创的收入没有变化或者净利润没有变化，仅仅来源于欧立通的收入，2020 年欧立通实现的贡献 4 000 多万元。欧立通业绩增长颇为迅速，根据业绩承诺，此后欧立通每年平均净利润 1 亿元就可完成任务。

华兴源创业绩增长速度放缓的情况下，并购或许能为企业带来新的增长动力。2019 年华兴源创的利润为 1.76 亿元，到 2020 年利润实现了 2.65 亿元，这意味着华兴源创利润增长率达到 50%，基本上增长 1 亿元。该成果很大程度上是源于欧立通的利润贡献，所以华兴源创对欧立通的收购非常成功，也直观说明了华兴源创收购欧立通的原因。

三、并购重组对上市企业的积极作用

（一）在短期内迅速实现生产集中和经营规模化

一般来说，上市企业本身就是行业的龙头企业，收购的企业也具有一定规模，华兴源创通过收购欧立通，在短期内迅速实现了产业的整合，实现了生产和经营的规模化，进一步扩大规模，增强行业地位，这从华兴源创的利润增长可见一斑。

（二）能够减少同一产品的行业内过度竞争，提高产业组织效率

行业内龙头企业竞争较多，很可能会导致过度竞争，也就是"内卷"，因此可能导致很多企业不堪重负。上市企业通过并购重组，能够减少行业内的龙头企业，降低过度竞争，保持适度竞争、良性竞争。这对行业来说是好事，也有利于促进行业发展。

（三）上市企业并购重组能够整合各类资金、技术，实现资源共享，提高自身产品在市场上的占有率

相对于各自为战，通过整合两家企业的资金、技术，更容易实现发展。而且两家企业共享独到技术，更有利于实现技术进步，促进行业快速发展。同时通过整合资源、资金、技术，能够迅速提高并购方的市场占有率，就可能比其他的竞争对手走得更快、更远。

（四）调整产品结构，加强支柱产业形成

上市企业的并购重组可以实现企业落后产品、落后产能的及时淘汰，同时通过整合、集中两家企业的力量来生产和销售先进

产品、优质产品，这样能加强企业支柱产业的形成。

（五）实现市值快速上升，是市值管理良方

如果通过人为炒股进行市值管理，其实没有可持续性。但是通过并购重组为上市企业植入了更多好的故事、好的资产、好的业务、好的产业，自然能给投资人更大的信心，大家更愿意长期持有甚至增值股份，这是做市值管理最好的办法，可以使企业的资产更多，产品更丰富，从而使得企业的市值能够快速上升。

这些都是上市企业并购重组能够带来的积极作用。当然前提是并购重组是成功的。如果说收购时，上市企业做竞价过程中没有发现被收购企业的问题，如存在未决案件、知识产权侵权等问题，这样收购就没办法顺利完成甚至会产生问题积累。因此上市企业进行并购重组时，一定要聘请专业技术团队来进行尽调和谈判，把控风险，通过并购重组实现企业利益的最大化。

四、上市企业并购重组的优势

与非上市企业相比，上市企业并购重组有哪些优势？

（一）上市企业做并购重组，面向公众募资更容易

公众对于上市企业的收购更加信任，更愿意投入资金。

（二）上市企业收购方式更加多样化

上市企业可以通过发行股份收购。也就是说上市企业可以给收购方的股东定向发行股份，而不是直接通过现金收购，这样被收购方拿到的是上市企业的股票。非上市企业虽然也可以通过增发注册资本的方式，给予被收购方股份，但是非上市企业的股票流动性远不如上市企业，所以上市企业的股份更容易被对方接受。所以说上市企业收购方式更加多样化。

（三）由上市企业进行收购，卖方更容易接受

并购重组也讲究"你情我愿"，上市企业的股票流动性好，更容易套现，而且上市企业募集资金更容易，再加上市场对上市企业的监管更严格，企业被上市企业收购还可以实现间接上市。

所以从以上几方面来看，上市企业并购重组具有明显的优势。

五、上市企业并购重组的作用和要求

（一）上市企业并购重组涉及的法律法规

上市企业并购重组涉及的法律法规包括法律、行政法规、部门规章和自律规则四种类型。

1. 法律层面

《公司法》《证券法》的规定。

2. 行政法规层面

《上市公司监督管理条例》。

3. 部门规章层面

《上市公司收购管理办法》《上市公司重大资产重组管理办法》以及相关的准则，如披露内容格式与准则；《外国投资者对上市公司战略投资管理办法》《上市公司并购重组财务顾问业务管理办法》等。

4. 自律规则层面

交易所业务规则。

（二）通过发行股份购买资产进行重组上市

1. 上市企业通过发行股份的形式来购买资产的要求

首先，要求资产应当是权属清晰的经营性资产，同时企业最近一年及一期财务会计报告被注册会计师出具无保留意见的审计报告。发行股份价格方面，不得随意定价，所以有效的发行股份价格不得低于市场参考价的80%，市场参考价指的是本次发行股份购买资产的董事会决议公告日前20个、60个或120个交易日的股票交易均价之一。

锁定期方面，特定对象以资产认购而取得的上市企业股份自发行结束之日起12个月以内不得转让。如果是企业关联人等特定对象购买企业股权，则 36 个月内不得转让。

当然上市企业除了发行股份购买资产外，还有其他支付手段，包括发行优先股、发行可转债等。

可见上市企业进行并购重组的支付方式更加丰富多元。

2. 如何认定上市企业的行为是重组

需要从如下三个方面来判断上市企业的行为是重组。

（1）从总资产角度来看，购买、出售的资产总额占上市企业最近一次会计年度经审计的合并财务会计报告期末资产总额的比例达到 50％以上。

（2）从净资产角度来看，购买、出售的资产净额占上市企业最近一个会计年度经审计的合并财务会计报告期末净资产额的比例达到 50％以上，且超过 5 000 万元。

（3）从营业收入角度来看，购买、出售的资产在最近一个会计年度产生的营业收入占上市企业同期经审计的合并财务报告营业收入比例达到 50％以上，且超过 5 000 万元。

三种条件任选其一，如果构成重大资产重组，则需要按重组管理进行审批。

3. 哪些行为不会被纳入重组管理

购买土地、厂房、机械设备等，这些行为不是购买对方的资产，而只是企业日常经营行为，就不用纳入重组管理，不需要进行审批。

标的资产的行业要求是符合北交所相关行业要求或者与上市

企业处于同行业或上下游。如金融业、房地产企业，不能通过重组的方式间接上市或者变相上市。重组上市置入资产条件包括标的资产对应的经营实体应当符合《北京证券交易所上市公司证券发行注册管理办法（试行）》规定的发行条件的股份有限企业或者有限责任企业，同时必须符合上市的前两套标准之一（即标准一"最近两年的平均净利润不少于1 500万元，或者最近一年的净利润不少于2 500万元，且净资产收益率8％"；标准二"最近两年的营业收入平均不少于1亿元，且增长率不少于30％。最近一年经营活动现金流量净额为正"）。同时不能存在负面情形，如存在欺诈发行、重大违法行为、刑事犯罪等。

关于重组上市的认定方面，如果不构成重组上市，现金购买或出售资产须纳入日常信息披露监管。如果构成重组上市，发行股份购买资产，就由并购重组委审议，证监会注册；现金购买或出售资产构成重组上市的，由并购重组委审议。因此，通过现金来购买资产，因为不涉及股权的变更，所以相对要简单些。

4. 通过发行股份购买资产进行重组上市的程序

通过发行股份购买资产进行重组上市，首先由企业内部进行审议，由首次董事会重组预案确定基准定价日，由后续董事会确定重组报告书，以及发布股东大会通知。之后召开股东大会进行决议，如果同意本次重组就可以到北交所进行申请。北交所受理后，在10个工作日内会进行审核，重组委员会问询后，并购重组委进行审议，审议通过以后出具审核意见，然后报证监会进行注册，最后证监会公布注册决定，同意注册或不予注册。

（三）北交所上市企业并购重组的相关制度要点

北交所上市企业并购重组的制度，有以下要点。

第一，优化重组认定标准。

北交所结合中小企业的经营特点，优化了重组认定的标准，重大资产重组计算标准中营收收入增加"超过5000万元"的限制。同时进一步明确"日常经营行为"的范围，如购买土地、厂房、企业设备就不纳入重组管理，这样可以便于企业自主运营。

第二，明确重组上市标准。

坚持底线思维，明确仅有符合净利润或者营业收入标准的资产方可重组上市，有效把控置入资产的经营风险，切实保障上市企业质量稳步提升。

第三，丰富并购支付手段。

上市企业除现金购买或出售资产外，也同时允许发行优先股、可转债，丰富支付手段，便于市场选择。

第四，完善重组审核机制。

北交所审核重大资产重组，如果涉及发行股份购买资产，或者重组上市涉及发行股份的，北交所审核通过后需要报证监会注册，因涉及股份变动，所以同上市的要求相同。同时，北交所上市委员会内部设立并购重组委员会，进一步提高了重组审核的专业性、审慎性和权威性。

第二节
从诺思兰德 3 亿元定增看北交所上市企业再融资

上市可以融资，但是并不意味着上市后不能再进行融资，而且上市企业再融资比非上市企业融资更加容易。借助北京诺思兰德生物技术股份有限企业（以下简称"诺思兰德"，股票代码：430047）的 3 亿元定增案例，学习上市后该如何实现再融资，本节内容涉及两方面：第一，诺思兰德再融资过程；第二，上市企业再融资的流程和要求。

一、诺思兰德再融资过程

（一）再融资目的

根据诺思兰德发布的《2021 年度向特定对象发行股票募集

说明书（草案）》① 等相关文件，诺思兰德再融资的目的如下。

1. 加快新药研发进度，增加项目研发管线

企业自设立以来，持续进行生物创新药产品的研发，开发了丰富且具有行业特色的基因治疗和重组蛋白质类药物的产品管线。本次发行募集资金部分用于研发投入，将加快企业创新药的研发进程，拓展企业在研药的临床试验广度和深度，为企业开发更多可产业化的产品奠定基础。

2. 加快新药产业化落地，实现收入规模增长

为保证长远发展的需要，企业自成立以来持续进行研发投入，开展多项生物工程新药品种的研发。本项目建设将大幅提升企业生物工程药物的生产能力，保障企业实现创新药物 NL003 的产业化落地，将企业的创新优势充分转化为产品优势，提升药品生产环节的核心竞争力，拓展收入来源，实现收入规模增长。

3. 满足企业营运资金需求，提升企业抗风险能力

随着未来企业业务规模的进一步扩大，企业对营运资金的需求不断上升，因此需要有充足的流动资金来支持企业经营，进而为企业进一步扩大业务规模和提升盈利能力奠定基础。

由此可见，诺思兰德的再融资目的，根据资金使用方式来看，主要是新药研发以及新药的产业化，还有部分用于补充流动资金。

---

① 北京证券交易所官网，上市企业公告，http：//www. bse. cn/disclosure/announcement. html，2022 年 2 月 5 日浏览。

（二）再融资程序

诺思兰德本次再融资目前已经履行了如下程序。

1. 董事会审议

2021 年 12 月 3 日，召开第五届董事会第十六次会议，审议通过《关于公司符合向特定对象发行股票条件的议案》《关于公司符合向特定对象发行股票方案的议案》。

2. 监事会审议

2021 年 12 月 3 日，召开第五届监事会第十一次会议，审议通过《关于公司符合向特定对象发行股票条件的议案》《关于公司符合向特定对象发行股票方案的议案》。

3. 股东大会审议

2021 年 12 月 20 日，召开 2021 年第三次临时股东大会，审议通过《关于公司符合向特定对象发行股票条件的议案》《关于公司符合向特定对象发行股票方案的议案》。

4. 北交所受理

2021 年 12 月 23 日，收到北交所于 2021 年 12 月 22 日出具的《受理通知书》（DF20211222003）。北交所对诺思兰德企业报送的向特定对象发行股票申请文件进行审核，符合《北京证券交易所上市公司证券发行上市审核规则（试行）》的相关要求并予以受理。企业本次向特定对象发行股票事项尚需通过北交所审核，并获得中国证监会作出同意注册的决定后方可实施。

二、上市企业再融资的流程和要求

（一）上市企业再融资的方式和品种

关于上市企业再融资的要求，涉及的相关规则包括《再融资注册办法》《再融资审核规则》。融资方式包括向特定对象发行股票，也就是定向发行，以及向不特定合格投资者公开发行股票。融资品种包括普通股、优先股、可转债。

（二）北交所上市企业再融资流程

北交所上市企业再融资流程，有一般程序和简易程序两种。

1. 一般程序

一般程序由企业向交易所提交再融资申请文件，北交所会在5个工作日内受理，受理后由审核部门进行问询，问询通过后由上市委员会审批。审核主要针对向不特定合格投资者公开发行使用的情形，从受理到审核整个环节需要两个月。然后提交到证监会，由证监会决定是同意注册或者不予注册，整个流程需要15日。时间上来看，要完成上市企业再融资需要差不多3个月的时间，当然也取决于问询、解答的速度。

2. 简易程序

简易程序有两种，一种是授权发行，另一种是自办发行。

（1）授权发行。

授权发行是指年度股东大会授权董事会向特定对象发行累计融资额低于1亿元，且低于企业净资产20％的股票。按照竞价方式确定发行价格和发行对象。具体发行流程包括由企业董事会内部审议，向交易所提交申请的文件，交易所一般会在两个工作日内受理，3个工作日内审核，然后出具审核意见，报证监会决定同意注册或者不予注册。整个过程比一般程序可节省近两个月。所以上市企业未来想在一定额度内向特定对象发行再融资，完全可以采用简易程序，更简便。

（2）自办发行。

自办发行跟简易程序的授权发行类似，但这种模式实际上更简单，由董事会来明确发行对象、发行价格、发行数量。而授权发行要求董事会首先得到股东大会授权，其次发行对象、发行价格需要通过竞价来完成。自办发行有两个要求，第一是针对股份金额，要求连续12个月以内发行的股份未超过企业总股本的10％，而且融资总额不超过2 000万元。第二是发行对象包括前十名股东、实际控制人、董事、监事、高级管理人员及核心员工。由此可见自办发行主要针对企业内部人员，主要为激励中小企业的活跃度。最后，自办发行不需要中介机构意见，不需要证券企业出具保荐文件，也不需要律师出具法律意见书。

（三）北交所对再融资的要求

北交所对再融资有一般条件要求和特殊要求两种。

1. 一般条件

一般条件包括财务基础和内控要求、持续合规要求以及募资必要性及合理性。

针对财务基础和内控要求：

（1）不存在对持续经营有重大不利影响的情形，如不存在影响企业的主营业务的知识产权纠纷、合同纠纷、土地纠纷等。

（2）要求最近一年的财务报告没有被注册会计师出具否定或无法表示意见的报告。

（3）最近一年的财务报告被出具保留意见的，所涉事项的重大不利影响已消除。

针对持续合规要求：

（1）上市企业及控股股东、实际控制人最近三年没有重大违法行为。

（2）相关主体最近一年没有受到行政处罚、公开谴责或者立案调查等。

（3）不存在擅自改变募集资金用途，且未经股东大会认可的情形。

（4）相关主体没有被列入失信被执行名单。

针对募资必要性和合理性要求：最近一期末存在持有金额较大的交易性金融资产和财务性投资，保荐人应当发表核查意见。

2. 特殊要求

（1）针对发行股票，要求公开发行需要符合《北京证券交易所向不特定合格投资者公开发行股票注册管理办法（试行）》的规定。定向发行不得向发行对象出具保底保收益的承诺，不得直接或通过利益相关方向发行对象提供财务资助。

（2）针对发行可转债，要求企业最近三年平均可分配利润可以支付企业债券一年的利息，这要求企业具有合理的资产负债结构和正常的现金流量。

（四）北交所上市企业再融资的规则体系

北交所上市企业再融资的规则体系包括部门规章、规范性文件以及自律规则三个层面。

1. 部门规章层面

需要遵守《北交所再融资办法》《证券发行上市保荐业务管理办法》。

2. 规范性文件层面

这类文件包括《公开发行股票募集说明书准则》《定向发行股票募集说明书准则》《定向发行可转债募集说明书准则》《定向发行优先股募集说明书准则》《再融资申请文件准则》。

3. 自律规则层面

这类文件包括北交所《上市规则》《再融资审核规则》《定向发行可转债细则》《定向发行优先股细则》等。

作 者 观 点

北交所上市后实施股权激励是否可以采用自办发行的简易程序？

　　北交所关于自办发行的简易程序是北交所独有的制度，对上市企业实施股权激励非常方便。原因在于，自办发行在操作上更简单，由董事会来明确发行对象、发行价格、发行数量。而授权发行是要求董事会首先得到股东大会授权，其次其发行对象、发行价格需要通过竞价来完成。自办发行对象主要针对企业内部人员，包括前十名股东、实际控制人、董事、监事、高级管理人员及核心员工，刚好符合股权激励发行的对象要求，所以北交所上市企业实施股权激励比其他板块上市企业实施股权激励有着独到的优势。不仅速度快，而且不需要中介机构意见，不需要证券企业出具保荐文件，也不需要律师出具法律意见书。

　　自办发行的要求是：针对股份金额，要求连续12个月以内发行的股份未超过企业总股本的10%，而且融资总额不超过2000万元。由此可见，自办发行能够极大地提升中小企业的活跃度。

第三节
信息披露

一、信息披露总体要求和基本原则

（一）信息披露的总体要求

（1）明确相关主体需要遵守的信息披露原则和具体要求。

（2）建立内幕信息知情人管理和报备制度，包括：①建立内幕信息管理制度；②登记管理内幕信息知情人；③报备内幕信息知情人档案。

（3）北交所的信息披露完善了交易事项的规定，主要体现在以下方面：细化各类重大事项及关联交易披露标准和程序要求；强化独立董事监督作用；对子企业投资、委托理财等交易事项豁免适用。

（4）北交所细化了重大事项披露内容，要求重点加强对股票异常波动和传闻澄清、股份质押和司法冻结的披露要求。

（二）基本原则

信息披露应遵循真实、准确、完整、及时、公平的基本原则。不存在虚假记载、误导性陈述或重大遗漏。

（三）信息披露负责人

（1）上市企业的董事、监事、高级管理人员，对企业信息披露的真实性、准确性、完整性、及时性、公平性负责。

（2）上市企业董事长、经理、董事会秘书，对企业临时报告的真实性、准确性、完整性、及时性、公平性承担主要责任。

（3）上市企业董事长、经理、财务负责人，对企业财务会计报告的真实性、准确性、完整性、及时性、公平性承担主要责任。

（4）保荐机构、会计师事务所、律师事务所、其他证券服务机构及其从业人员，对所出具文件的真实性、准确性、完整性负责。

二、信息披露的一般要求

（一）披露形式和时点

披露信息可以分为定期报告和临时报告两种形式。

1. 定期报告

定期报告包括年度报告、中期报告和季度报告。

（1）在每个会计年度结束之日起 4 个月内编制并披露年度报告；在每个会计年度的上半年结束之日起 2 个月内编制并披露中期报告；在每个会计年度前 3 个月、9 个月结束后的 1 个月内编制并披露季度报告；第一季度报告的披露时间不得早于上一年的年度报告。

（2）定期报告披露前出现业绩泄露，或者出现业绩传闻且企业股票交易出现异常波动的，应当及时披露业绩快报。预计不能在会计年度结束之日起 2 个月内披露年度报告的，应当在该会计年度结束之日起 2 个月内披露业绩快报。

2. 临时报告的触发条件

临时报告的触发条件，应是出现了对企业股票的交易价格、投资者投资决策产生较大影响的重大事件。

3. 重大事件的披露时点

（1）董事会或者监事会作出决议时。

（2）有关各方签署意向书或协议时。

（3）董事、监事或者高级管理人员知悉或者应当知悉该重大事项发生时。

当上述重大事件发生，就会触发重大事件的披露时点，企业需要进行临时报告。

（二）披露类型

《北交所上市规则》中明确规定了信息披露的类型。

1. 自愿披露

自愿披露范围是与投资者作出价值判断和投资决策有关的信息。要求如下：

（1）避免选择性信息披露。

（2）不得与依法披露的信息相冲突。

（3）不得误导投资者。

（4）不得从事市场操作、内部交易等其他违法违规行为。

（5）已披露的信息发生重大变化，有可能影响投资决策的，应当及时披露进展公告，直至该事项完全结束。

（6）自愿披露信息的，在发生类似事件时，应当按照同一标准予以披露。

2. 豁免披露/暂缓披露

适用于拟披露信息属于商业秘密、商业敏感信息、国家秘密的情形，披露可能导致不当竞争、损害企业及投资者利益或者违反法律法规、危害国家安全。

但是，暂缓、豁免事项的范围应当严格控制，不得随意扩大，相关内幕知情人应当书面承诺做好保密。

3. 行业和风险信息披露

结合行业特点，充分披露行业经营信息。充分披露可能对企业核心竞争力、经营活动和未来发展产生重大不利影响的风险因素。企业未盈利的，应充分披露尚未盈利的成因以及对企业的影响。

三、北交所相关案例

经查询北交所官网，截至 2021 年 1 月 31 日，有如下北交所上市企业因信息披露问题被北交所采取出具警示函、自律监管、纪律处分、承诺事项及履行情况等措施。

1. 恒拓开源（股票代码：834415）被出具警示函，并记入证券期货市场诚信档案（北证监管执行函〔2022〕1号）

原因：①企业实际控制人被司法机关要求协助调查，被限制人身自由。企业知悉该事项后，未及时履行信息披露义务。②企业关于《公司章程》中注册地址的议案未获股东大会审议通过，但企业之前已完成注册地址的变更，导致企业登记注册地址与披露《公司章程》中记载的注册地址不一致，未及时履行信息披露义务。

理由：违反了《北京证券交易所股票上市规则（试行）》（以下简称《上市规则》）第5.1.1条、8.3.8条的规定。

2. 流金岁月（股票代码：834021）董事会秘书被采取自律监管措施（股转系统精选公监函〔2021〕002号）

原因：流金岁月董事会秘书因涉嫌危险驾驶罪被北京市公安局朝阳分局采取刑事拘留强制措施，但其未及时将上述重大事项告知流金岁月，致使流金岁月未及时履行信息披露义务。

理由：他未能及时向企业告知重大事项，配合履行信息披露义务，违反了《全国中小企业股份转让系统挂牌公司治理规则》（以下简称《股转系统公司治理规则》）第五条、《全国中小企业股份转让系统挂牌公司信息披露规则》（2020年1月3日发布）（以下简称《股转系统信息披露规则》）第三条的规定，构成信息披露违规。

3. 德众汽车（股票代码：838030）被采取自律监管措施（股转系统精选公监函〔2021〕001号）

原因：德众汽车在2020年1月3日至2020年11月26日挂牌创新层期间，为其全资及控股子企业提供18笔担保，担保金额共计25596.82万元，占德众汽车2019年末经审计净资产的比例为90.33%。上述担保事项发生时，德众汽车未及时履行审议程序及信息披露义务，后于2021年4月19日召开董事会，对上述事项进行补充审议并披露。

理由：德众汽车的上述行为违反了《股转系统公司治理规则》第九十二条、《股转系统信息披露规则》第三十五、三十九条的规定，构成企业治理和信息披露违规。

未来对信息披露的要求只会更高、不会更低。尤其是股票注册制的大背景下，信息披露将成为上市企业的核心问题之一。企业要重视信息披露要求，做到按时披露、准确披露。

北交所上市的
未来展望及注意事项

一、未来展望

（一）建立多层次资本市场体系

我们经常听到要建立多层次资本市场体系，那么到底什么是多层次资本市场体系？这个需要回顾本书前面讲的内容。一般认为，多层次资本市场体系是所谓的金字塔结构，就是把主板放在最上面，下面的是科创板、创业板，再往下是北交所，再往下是新三板（创新层、基础层），再往下是区域股权交易市场。但这是不是意味着金字塔顶端的主板一定比下面的北交所更有地位、价值更高？这种"金字塔结构"纵向划分各个板块，其实容易造成市场主体对各板块价值认定的误导。实际上，主板的价值并非高于创业板、科创板，而科创板与创业板的价值并非高于北交所与新三板。这些板块的区别在于定位和上市体量，并不意味着主板的企业一定比北交所上市的企业技术、管理更先进。

为什么要建立多层次资本市场体系？从 2003 年十六届三中全会首次提出"建立多层次资本市场体系，完善资本市场结构"和国家多次强调要增加直接融资比重来看，多层次资本市场的主要目的是，通过不同层次的资本市场的直接融资（而不是通过银行贷款等间接融资的方式），切实减轻融资企业的负担（因为银行贷款要还，而直接融资不用还）。过去中小企业想靠银行融资，可是银行不愿意或者要求相应的抵押担保才能放款，上市能解决中小企业的这种融资困境，从而激励真正有前景的企业获得资本市场的支持做大做强。在没有北交所之前，国内上市的企业主要是大型企业、盈利非常好的企业，在北交所横空出世以后，大量中小企业的融资有了更好的渠道，通过基础层、创新层挂牌然后上市这样的三级跳模式，能够使得一开始只是小规模的企业借助资本的力量一点点做大做强，而不是要等到完全做大以后，再上主板或科创板上市，这样更有利于中小企业逐步走向成熟、逐步融资、逐步发展，能让企业在新三板和北交所的扶持之下逐步做大做强，这就是多层次资本市场的逻辑。

建立多层次资本市场的真正用意是让在不同发展阶段的企业，可以有不同的资本市场融资和发展，小企业也可以到区域股权交易市场融资，到了一定规模后，可以先到新三板挂牌，然后在北交所上市。如果规模更大，也可以考虑到创业板或科创板，甚至主板融资，这样才可以避免多个层次的资本市场、交易所之间的同质化竞争，形成差别化服务的模式，符合不同板块间差异互补与良性竞争的要求。

（二）强调以长期价值为核心

价值投资是资本市场的本质，因为能体现企业价值的应当是企业的价值，而不是股价。有很多股价一飞冲天但暴跌后一地鸡毛的上市企业。巴菲特的投资理念是价值投资，就是看重企业本身的发展，而不仅仅是看企业的盈利能力、营收水平。所以注册制改革以后，上市标准不再唯盈利论，而是有了即使亏损也可以上市的企业，因为市场看重的是企业未来的成长能力，这恰恰是上市能给企业带来的价值。

在原来的 IPO 核准制的情形下，企业能否顺利上市，最主要是看企业过去的盈利能力，也就是以往的"赚钱能力"，而不是基于企业未来的成长预期。这也使得资本市场难以发挥帮助处在快速成长期中的优秀中小企业融资发展的功能，投资者们也就无法通过投资分享到这些企业快速成长的红利。在实行全面注册制改革后，中国资本市场的这一功能逐步显现。2020 年 3 月 1 日新版证券法落地后，股票发行条件改为"具有持续经营能力"，就是长期价值的体现。

所以北交所的设立，对于重塑以价值为核心的多层次资本市场的意义非常重大，对广大中小企业的意义也非常重大。资本市场应当以企业不同发展阶段的价值体现为核心，而不是以企业发展规模以及财务指标为核心。我们知道，中国有上亿家市场主体，也有几千家企业，而已经上市的企业也就 5 000 家左右，那么剩下的广大民营中小企业怎么办？它们也需要发展，但是没有资本市场可以利用。所以北交所的设立是真正打通了处在快速发展阶段的中小企业通往资本市场的核心一环，中国特色的多层次资本市场由此更加成熟。配合着注册制的改革，北交所和科创板、创业板都已经不再单纯强调持续的盈利能力，而是持续经营能力，使得大量中小企业能够通过融资实现快速发展。

如果企业处于初创阶段，可以先在一级市场由天使投资人和风险资本投资，发展到一定规模后，可以通过私募基金为企业提供融资帮助。当进入快速发展阶段和成长阶段，就可以通过先上基础层再上创新层，然后在北交所上市，为企业的融资发展提供帮助，而企业发展到更大规模的时候，就可以考虑到科创板、创业板、主板上市。

二、北交所上市的注意事项

回顾本书前面所讲的内容，要想顺利实现在北交所上市，要注意哪些事项？

（一）对北交所上市的全面认知

要想顺利在北交所上市，就需要加强对北交所上市的全面的认知。北交所于 2021 年 11 月 15 号正式开市，首批上市企业来自精选层的平移，截止到 2021 年 12 月 31 日，北交所上市企业是 82 家，后续随着全面实行注册制下新股发行的常态化，北交所上市企业的数量会大幅提升，未来赶上科创板、创业板的上市企业数量也不是没有可能。那么我们对北交所整体怎么看？

首先从行业角度看，北交所立足于服务创新型中小企业，具有明显的专精特新的属性。所以，如果我们是走技术路线，无论是传统的行业还是新兴行业，只要有一定的技术门槛，比如有专利，都有在北交所上市的机会。

其次从市场规模来看，北交所的市值在逐渐增加，关注北交所的资本也越来越多，北交所的流动性与日俱增，与当初的新三板不可同日而语。所以北交所向好的趋势非常明显，存在很大的市场投资机会。

最后从企业业绩层面看，一批具有高业绩的龙头企业逐渐涌现，不少北交所的上市企业净利润增速都超过了50%，如柯达自控、润农节水、中设咨询、志晟信息和吉林碳谷等，业绩成长非常良好，北交所的上市企业中有一批非常优质的企业。有些人担心北交所流动性，这种担心有些多余，根据目前的北交所投资者门槛，投资人接近500万人，具备充足的投资人数量、资金规模，流动性不成问题。

当然，并不是所有的企业都适合在北交所上市。我们一直说北交所的定位是服务于创新型中小企业，那么如果企业的体量非常大，属于巨无霸类的企业，营收几十亿元，利润一年也是上亿元，建议可以考虑其他板块，尤其是主板，因为不同板块有不同定位，我们要找准自己的定位，要对在北交所上市有全面认知。

（二）提升主营业务收入和持续发展能力

如果我们已经了解在北交所上市的优势并坚定在北交所上市的目标，那么如何才能达到这个目标？本书第四章讲了上市前的准备工作，练好内功。那么这里面最核心的有两点：一是持续发展能力；二是合规。下面针对第一点，如何保持持续发展能力再分析一下。

持续发展能力，就是通过提升主营业务收入规模和技术创新能力，以增强自己的可持续发展能力，能够在未来成为行业的佼佼者，早日实现上市的梦想。本书前面在"上市的准备"中讲过，业绩准备是上市的基石，所以作为一家想上市的企业，尽管上市时不一定要求有多高的盈利水平，而是要求持续经营能力，但是盈利毕竟是广大投资者未来从上市企业获益的主要途径，所以盈利水平是一个不可避开的衡量要素。作为想上市的中小企业，要专注于自己的主营业务，做好主营业务方面的技术研发和新产品开发，不断提升自己在主营业务方面的收入规模，从而体现自己的主营业务市场竞争力。

首先，要提升主营业务收入。作为一个优秀的拟上市企业，只有在企业战略定位上选准主业、扎根主业、壮大主业，并通过战略规划和推进达到不断提高主营业务利润及其比重的目的，才能有效提高拟上市企业的整体绩效和核心竞争力。不少主营业务不突出、主营业务分散、主营业务盈利能力不强的企业，重视短期行为，盲目多元化经营，导致主营业务没有实现持续性发展，企业经营绩效每况愈下，也就难以实现顺利上市，即使上市了也有退市的风险。主要原因在于，大部分中小企业普遍规模偏小、核心技术能力较弱，不仅规模上尚不具备多元化经营的基础条件，而且缺乏与规模相匹配的专业化水平。

其次，要提升自己的持续发展能力。上市只是一个里程碑，而不是终点。能上市已经体现企业的实力，但是"打江山容易守江山难"。上市企业只有保持自己的持续发展能力，才能够行稳致远，不至于上市以后业绩突然变脸甚至导致退市。大家知道，全面实施注册制以后，退市的可能性比原来增大许多，企业只有保持持续发展的能力，才能避免因为没有持续的业绩、严重违法违规等不利情况导致被强制退市。

如何做到持续发展？可以考虑从三个方面制定持续发展战略并予以落实，包括创新持续发展战略、文化持续发展战略、制度持续发展战略。具体而言，企业首先需要不断创新，尤其是技术和产品的创新；其次是有不断开拓进取的企业文化，靠企业文化引导企业发展；最后要实时制定与企业发展阶段对应的制度，靠制度而不是企业主的一时心血来潮来管理企业和发展企业。

（三）步步为赢，稳步上市

对于企业来说，上市可以募集资金、吸引投资者，提升企业的知名度以及员工认同感，企业治理结构和相关规章制度都能得以完善，企业管理更加规范。但是上市的过程也是繁复的，在这期间需要避免浮躁之心，稳步推进才能赢得上市攻坚战。

我们知道，北交所与其他板块的一个非常大的区别是在北交所上市之前要先上新三板，所以建议想在北交所上市的中小企业一定要稳扎稳打，做好自己的规划，做好上市的准备，一步一步来，每一步都要走稳走踏实。由于北交所对营收的要求并不高，而对合规的要求很高，所以企业从一开始就要稳健经营，不要为了蝇头小利，抱着侥幸的心理，做违规甚至违法的事。要眼光放长远，哪怕钱少赚一点，但是走稳一点，一步一步推进上市。

作为期待在北交所上市的企业来说，我们从四个阶段看，从前期的准备到股改到挂牌到上市，三年左右的时间就可以实现，但是每一步都需要规范的运作，不要因为一些不规范的操作，影响上市的进程。在北交所上市给了中小企业一个合规的缓冲期，因为在北交所可以先进行挂牌再进行上市，对于很多中小企业来说这个循序渐进的过程作用很大。先挂牌再上市，中小企业就不用再强迫自己急速实现从非上市企业到上市企业的身份转换，它们可以放慢脚步，逐步适应这其中的变化，可以更加充分了解上市企业的高标准、高要求，越来越接近上市企业的目标和标准，逐渐成为更加规范、合规的上市企业。

附　录

北交所上市相关
法规和制度目录

（截至 2022 年 1 月 20 日）

一、 国家法律法规类

中华人民共和国公司法

中华人民共和国证券法

二、 证监会部门规章类

北京证券交易所上市公司持续监管办法（试行）

北京证券交易所上市公司证券发行注册管理办法（试行）

北京证券交易所向不特定合格投资者公开发行股票注册管理
办法（试行）

证券交易所管理办法

非上市公众公司监督管理办法（2021 年修订）

非上市公众公司信息披露管理办法（2021 年修订）

关于北京证券交易所上市公司转板的指导意见

三、 证监会规范性文件类

公开发行证券的公司信息披露内容与格式准则第 56 号——

北京证券交易所上市公司重大资产重组

公开发行证券的公司信息披露内容与格式准则第 55 号——北京证券交易所上市公司权益变动报告书、上市公司收购报告书、要约收购报告书、被收购公司董事会报告书

公开发行证券的公司信息披露内容与格式准则第 54 号——北京证券交易所上市公司中期报告

公开发行证券的公司信息披露内容与格式准则第 53 号——北京证券交易所上市公司年度报告

公开发行证券的公司信息披露内容与格式准则第 52 号——北京证券交易所上市公司发行证券申请文件

公开发行证券的公司信息披露内容与格式准则第 51 号——北京证券交易所上市公司向特定对象发行优先股募集说明书和发行情况报告书

公开发行证券的公司信息披露内容与格式准则第 50 号——北京证券交易所上市公司向特定对象发行可转换公司债券募集说明书和发行情况报告

公开发行证券的公司信息披露内容与格式准则第 49 号——北京证券交易所上市公司向特定对象发行股票募集说明书和发行情况报告书

公开发行证券的公司信息披露内容与格式准则第 48 号——北京证券交易所上市公司向不特定合格投资者公开发行股票募集说明书

公开发行证券的公司信息披露内容与格式准则第 47 号——向不特定合格投资者公开发行股票并在北京证券交易所上市申请文件

公开发行证券的公司信息披露内容与格式准则第 46 号——北京证券交易所公司招股说明书

四、 北交所自律规则类

（一）发行融资类

关于发布《北京证券交易所向不特定合格投资者公开发行股票并上市业务规则适用指引第 1 号》的公告

关于发布《北京证券交易所上市公司重大资产重组业务指引》的公告

关于发布《北京证券交易所上市公司向特定对象发行可转换公司债券业务办理指南第 2 号——存续期业务办理》的公告

关于发布《北京证券交易所上市公司向特定对象发行可转换公司债券业务办理指南第 1 号——发行与挂牌》的公告

关于发布《北京证券交易所上市公司证券发行业务办理指南第 3 号——向原股东配售股份》的公告

关于发布《北京证券交易所上市公司证券发行业务办理指南第 2 号——向特定对象发行股票》的公告

关于发布《北京证券交易所上市公司证券发行业务办理指南第 1 号——向不特定合格投资者公开发行股票》的公告

关于发布《北京证券交易所上市公司证券发行与承销业务指引》的公告

关于发布《北京证券交易所向不特定合格投资者公开发行股票并上市业务办理指南第 2 号——发行与上市》的公告

关于发布《北京证券交易所向不特定合格投资者公开发行股票并上市业务办理指南第 1 号——申报与审核》的公告

关于发布《北京证券交易所股票向不特定合格投资者公开发行与承销业务实施细则》的公告

关于发布《北京证券交易所向不特定合格投资者公开发行股票并上市审核规则（试行）》的公告

关于发布《北京证券交易所上市公司向特定对象发行可转换公司债券业务细则》的公告

关于发布《北京证券交易所上市公司向特定对象发行优先股业务细则》的公告

关于发布《北京证券交易所上市公司证券发行上市审核规则（试行）》的公告

关于发布《北京证券交易所上市公司重大资产重组审核规则（试行）》的公告（2021 - 10 - 30）

关于发布《北京证券交易所证券发行与承销管理细则》的公告

关于发布《北京证券交易所证券发行上市保荐业务管理细则》的公告

关于发布《北京证券交易所上市委员会管理细则》的公告

（二）持续监管类

关于发布《北京证券交易所上市公司业务办理指南第 7 号——信息披露业务办理》的公告

关于发布《北京证券交易所上市公司业务办理指南第 6 号——定期报告相关事项》的公告

关于发布《北京证券交易所上市公司业务办理指南第 5 号——表决权差异安排》的公告

关于发布《北京证券交易所上市公司业务办理指南第 4 号——证券简称或公司全称变更》的公告

关于发布《北京证券交易所上市公司业务办理指南第 3 号——权益分派》的公告

关于发布《北京证券交易所上市公司业务办理指南第 2 号——股票限售及解除限售》的公告

关于发布《北京证券交易所上市公司业务办理指南第 1 号——股票停复牌》的公告

关于发布《北京证券交易所上市公司持续监管指引第 6 号——内幕信息知情人管理及报送》的公告

关于发布《北京证券交易所上市公司持续监管指引第 5

号——要约收购》的公告

关于发布《北京证券交易所上市公司持续监管指引第 4
号——股份回购》的公告

关于发布《北京证券交易所上市公司持续监管指引第 3
号——股权激励和员工持股计划》的公告

关于发布《北京证券交易所上市公司持续监管指引第 2
号——季度报告》的公告

关于发布《北京证券交易所上市公司持续监管指引第 1
号——独立董事》的公告

关于发布《北京证券交易所股票上市规则（试行）》的公告

（三）交易管理类

关于发布《北京证券交易所全国中小企业股份转让系统证券
代码、证券简称编制指引》的公告

关于发布《北京证券交易所合格境外机构投资者和人民币合
格境外机构投资者信息报备指南》的公告

关于发布《北京证券交易所合格境外机构投资者和人民币合
格境外机构投资者证券交易实施细则》的公告

关于发布《北京证券交易所交易规则（试行）》的公告

关于发布《北京证券交易所上市公司股份协议转让细则》的
公告

关于发布《北京证券交易所上市公司股份协议转让业务办理

指引》的公告

关于发布《北京证券交易所上市公司股份协议转让业务办理指南》的公告

关于发布《北京证券交易所交易异常情况处理细则》的公告

关于发布《北京证券交易所全国中小企业股份转让系统交易单元管理细则》的公告

关于发布《北京证券交易所全国中小企业股份转让系统交易单元业务办理指南》的公告

关于发布《北京证券交易所投资者适当性管理业务指南》的公告

关于发布《北京证券交易所投资者适当性管理办法（试行）》的公告

（四）市场管理类

关于发布《北京证券交易所全国中小企业股份转让系统证券公司执业质量评价细则》的公告

关于发布《北京证券交易所业务收费管理办法》的公告

关于发布《北京证券交易所自律管理听证实施细则》的公告

关于发布《北京证券交易所复核实施细则》的公告

关于发布《北京证券交易所自律监管措施和纪律处分实施细则》的公告

关于发布《北京证券交易所会员管理规则（试行）》的公告